KB260504

공적개호보험 논의

- 일본의 경험과 논쟁 -

공적개호보험 논의

- 일본의 경험과 논쟁 -

공적개호보험 논의

- 일본의 경험과 논쟁 -

사토미켄지 지음 | 손홍인 옮김

사회복지 전문출판 나눔의 집

한국어판의 간행 즈음에

사토미켄지(里見賢治) | 불교대학교수 · 오사카부립대학명예교수

한국어판 간행의 경위

본서는 일본 경도에 있는 불교대학대학원 박사후기과정에 재학 중인 나의 제자 손민경(법명: 홍인)씨의 열성적인 권유와 번역의 노력에 의해 간행되는 것이다.

손씨를 지도한 것은 내가 불교대학에 부임하고 겨우 2년이 지난 뒤의 일이라 반드시 충분한 지도를 했다고는 할 수 없지만 나의 이론과 지도방침에 그녀가 공명하여 나의 이론을 한국에 소개하고 싶다고 하였다. 얼마 후 그녀는 한국에서도 공적개호보장제도의 창설을 둘러싼 논의가 이루어지고 있고 내가 이전에 일본에서 출판한 사토미켄지 · 니키류 · 이토우히로부미(里見賢治 · 二木立 · 伊東敬文) 공저의 『공적개호보험에 이의가 있다』(公的介護保險に異議あり - もう一つの提案 -, ミネルヴァ書房 · 初版 1996年, 增補版1997年)의 내 담당 부분(동서 제1부)을 한국어로 번역 · 출판하는 것을 제안해왔다. 나의 기억으로는 아마 2006년 말인가, 2007년 초의 일이었다. 당시 한국에서도 일본의 개호보험과 비슷한 신제도가 국회에 제출되어 심의 중이었다. 그러나 나의 공저는 거의 10년 전의 것이므로 지금 출판을 하더라도 쉽게 받아들여질 거라고는 생각하지 않았기 때문에 당초에는 마음이 내키지 않았다. 하지만 그녀가 열심히 권하길래 달리 해가 되는 것은 아니라고 생각하여 만약 가능하다면 이라는 조건부로 승낙을 한 것이었다.

2007년 4월 한국으로 귀국한 손씨는 그 후 머지않아 번역을 끝냈고 출판사를 찾아서 간행할 수 있게 하였다. 본서의 한국어판 간행이 그녀의 예정 이상으로 늦어진 것의 책임은 너무 다망하여 충분히 협력할 수 없었던 나에게 있다.

본서의 개요와 간행의 의의

여기서는 본서 한국어판을 이 시점에서 출판하는 의의에 대하여 간단히 서술해두고 싶다.

본서는 이미 서술한 것처럼 공저『공적개호보험에 이의가 있다』의 나의 담당 부분(제1부)과 그 후 나의 논문 몇 편을 모은 것이다. 졸저를 집필한 1995년 당시는 일본의 공적개호보장제도를 사회보험(개호보험) 방식으로 실시할 것인가? 세금을 주체로 하는 공비부담방식(조세방식)으로 실시할 것인가를 둘러싼 정책논쟁의 최종단계였다.

그때까지 일본의 고령자개호는 공비에 의한 노인복지제도로 이루어졌다(이용자 부담은 있었지만). 그러나 사실상 한정된 예산범위 안에서 이루어지는 것이기 때문에 광범위한 개호욕구에 부응할 수가 없었다. 한편 일본의 인구고령화는 한층 더 증가하고(1994년 일본의 고령화비율은 유엔에서 정한 초고령화의 기준인 14%를 넘었다), 더불어 개호욕구도 계속 높아져 그것에 대응할 수 있는 공적개호보장의 신시스템이 요구되었다.

이러한 상황에서 새로운 공적개호보장시스템은 "언제 어디서나 받을 수 있는 개호서비스"를 이루기 위해 "'국민 누구나 필요한 개호서비스를 받을 수 있는 시스템'을 구축하는 것이 필요"(고령사회복지비전간담회「21세기복지비전 - 소자녀 · 고령사회를 향하여 -」1994년 3월 28일)하고 그것을 위한 운영 · 재정방식으로서 '사회보험

(개호보험)이 좋은 것일까? 아니면 '공비부담방식(조세방식)이 적절한가?' 를 정책논쟁의 표적으로 한 것이다.

이러한 정책논쟁 중에서 우리가 『공적개호보험에 이의가 있다』를 공동 집필함으로써 주장한 것을 요약하면 다음과 같다.

즉, '국민 누구나 필요한 개호서비스를 쉽게 이용할 수 있는 시스템'을 구축하고 '언제 어디서나 받을 수 있는 개호서비스' 를 실현하기 위해서 새로운 공적개호보장제도는 보편성 · 권리성 · 공평성 · 선택성이라는 조건을 충족시킬 필요가 있지만 그것은 사회보험방식과 공비부담방식 중에 어느 쪽의 운영 · 재정 방식에 의해 가능한 것일까? 하는 점이다.

사회보험방식은 저소득 등의 이유로 인해 보험료를 부담할 수 없는 사람들이 반드시 발생하고 모든 사람들에게 개호서비스를 제공하는 것은 불가능하기 때문에 보편성도 권리성도 실현할 수 없다. 사회보험에서 탈락한 사람들에게 공적부조제도로 개호서비스를 제공하는 선택지가 없는 것은 아니다. 그러나 공적부조가 많든 적든 궁핍한 것이 입증된 후에 급여를 받을 수 있는 제도이기 때문에 거기에는 스티그마(굴욕의 낙인)가 생기지 않을 수 없다. 따라서 보험료를 낼 수 있는 사람은 사회보험으로, 그렇지 못한 사람은 공적부조로 대처한다는 제도의 이중화는 보편주의의 관점에서도 바람직하지 못한 것이다.

공평성에 관해서도 사회보험료는 정액제보험료인 경우 고소득자일수록 부담이 실질적으로 가볍고, 저소득자일수록 부담이 과중하다는 분명한 역진성이 있다. 소득비례형의 사회보험료로 한다고 해도 일정 소득 이상에 대해서는 보험료를 부과하지 않는 부과상한이 있기 때문에 적어도 부과상한소득 이상에 대한 역진성이 발생하고 소득재분배의 관점에서 말하자면 일종의 고액소득자 우대에 가까운 성질이 있기 때문이다. 따라서 공평성이라는 측면에서도 사회보험방식은 한계가 있다.

공비부담방식(조세방식)이라면 보편성이나 권리성은 물론, 공평성에 대해서도 조건을 충족시킬 수 있다. 물론 공비부담방식에는 2종류가 있다. 자력조사(자산조사)와 소득조사를 조건으로 현금과 서비스를 급여하는 선별주의형의 공비부담방식과 그런 선별을 하지 않고 욕구가 있는 모든 사람에게 급여를 제공하는 보편주의형의 공비부담방식이 있다. 내가 본서에서 강조하는 것은 후자의 보편주의형 공비부담방식이고, 이 방식이라면 욕구가 있는 모든 사람에게 급여하는 보편주의형 제도설계가 가능하기 때문이다.

일본의 사회보장제도에서 이러한 보편주의형 운영·재정방식을 채택하고 있는 제도는 현재 상황에서는 전혀 없기 때문에 여기서는 일본의 의무교육제도의 예를 들어 설명한다.

일본의 의무교육제도는 학령기(6세~15세)인 아동 모두에게 무상(교과서도 무상이지만 개인적인 학용품비와 참고서 등의 비용은 개별부담)으로 교육서비스를 제공하는 제도이고, 거기에는 부모의 자산과 소득의 높고 낮음을 전혀 문제시하지 않는다. 이렇게 의무교육을 받는 것은 아동/학생의 의무이면서 또한 권리라고 할 수 있다.

의무교육에서 실현되고 있는 보편주의형 제도를 사회보장의 영역에서도 구축하는 것은 그것을 위한 국민적 합의가 형성된다면 충분히 가능한 것이다. 본서의 일본어판이 간행된 1990년대 중반은 공적개호보장제도를 보편주의형인 공비부담방식에 의해 실현할 수 있는 하나의 기회였다. 그러나 이미 알려진 것처럼 우여곡절의 경과를 거쳐 마침내 일본에서는 1997년 12월에 개호보험법이 성립됨에 따라 이 정책 논쟁은 중간적인 결론에 이르고, 2000년 4월부터 실시하여 오늘날에 이른 것이다.

　그러나 이것에 의해 공적개호보장을 공비부담방식으로 할 것인가, 개호보험방식으로 할 것인가 하는 논쟁이 최종적인 결론을 내린 것은 아니다. 1990년대의 논쟁 과정에서 많은 문제를 안은 채 탄생한 일본의 개호보험은 "작게 낳아 크게 키우자"로 하였기 때문에 2000년 제정 초기야말로 개호수요의 확대에는 비교적 관대하였지만, 법 시행 5년 후 개정(2005년 개정)할 즈음에는 이미 수요억제로 완전히 바뀌어 엄격하게 긴축된 자세로 제어하고 있다(그 개요에 대해서는 본서에 수록된 졸고 「개호보험은 선두주자인가?」 및 「사회보험시스템의 동요와 공적개호보장」을 참조). 개호보험료 징수율도 65세 이상의 제1호 피보험자에 대해서는 연금에서 원천징수(특별징수)하기 때문에 비교적 징수율은 높지만, 무연금 등의 이유로 연금에서 원천징수할 수 없는 사람에 대한 개별징수(보통징수)는 체납률이 의료보험인 국민건강보험과 거의 같은 10%에 가까워졌다.

　이렇게 공동화현상(空洞化現象: 제도로 커버할 수 없는 비율이 증대하는 것)은 개호보험에도 물밀듯이 밀려들었다. 일본의 개호보험은 40세 이상자를 보험료 징수대상으로 하지만 그 보험급여의 대부분은 고령자에게 집중되어 있다. 사실상 노인을 위한 노인개호보험이다. 이 보험료 징수대상의 범위를 더욱더 확대하려는 움직임은 주로 재정적인 관점에서 주장된다. 즉 피보험자의 연령을 더욱 낮추려고 한다. 예를 들면, 30세 이상 혹은 20세 이상으로 하는 것을 후생노동성 측에서 검토하고 있다. 만약 이렇게 연령조건을 내린다면, 보험료를 부담해도 급여는 없다는 것이 받아들여질 가능성이 낮기 때문에 사실상의 노인개호보험이라고 하는 성격을 바꾸지 않을 수 없다. 동시에 보험료 징수연령도 내려가지만 연금이 없는 젊은계층은 연금에서 원천징수를 할 수 없기 때문에 보험료를 낼 수 없는 사람이 증가하고 체납은 한층 더 많아지며 공동화는 더욱더 심화될 수 있다는 것이 염려되고 있다.

일본에서 자산·소득분배의 불평등은 최근 20년간의 신자유주의의 지배하에 급속하게 퍼져가고 있고 격차사회화를 논의하게 되었다. 이러한 상황에서 보험료체납·공동화는 한층 심각해질 위험이 있다.

이렇게 보면 공적개호보장을 공비부담방식으로 할 것인가, 사회보험방식으로 할 것인가라는 제도·정책 논쟁은 여전히 해결되지 않았다.

본서의 메세지-보편주의형 사회보장제도의 재구축

본서를 통해 내가 강조하고 싶었던 것은 개호보장뿐만 아니라 사회보장 전체에 대해서 보편주의형 제도를 확립하는 것이다. 그렇게 하기 위해서는 우선 사회보험에 대한 환상을 타파할 필요가 있다.

일반적인 이해는 사회보험이 보편주의를 실현할 수 있다는 것이다. 그러나 과연 그럴까? 분명히 일반적으로 사회보험은 보편주의적인 제도라고 이해하며 그것이 통설인 것처럼 되어 있다. 영국의 R티트머스도 덴마크의 G.에스핑 안데르센도 예외없이 그렇게 생각한 듯하다. 그러나 내가 강조하고 지적한 것처럼 일반의 이해와는 달리 실제로 사회보험은 일종의 선별주의적인 제도이다. 이 점은 중요한 논점이기 때문에 여기서 간결하게 서술하기로 한다.

보편주의/선별주의의 논의에 대해서는 阿部志郎 외 편저『전후사회복지의 총괄과 21세기의 전망Ⅱ - 사상과 이론 -』(講座 戰後社會福祉の總括と21世紀への展望Ⅱ. 思想と理論, 日本社會福祉學會記念出版, ドメス出版, 2002年)에 수록되어 있는 졸고

「사회복지 재편기에 있어서 사회복지패러다임 - 보편주의·선별주의의 개념을 중심으로」(pp.73-158)에 상세하게 전개했기 때문에 그것을 참조하기 바란다. 요컨대 다음과 같다.

일반적으로 자력조사와 소득조사를 하는 제도는 선별주의이고, 그렇지 않은 제도는 보편주의라고 이해하는 것 같다. 이러한 이해는 불충분하다. 사회보험은 자력조사도 소득조사도 하지 않지만 사실은 사회보험도 보험료 납부의 유무로 급여대상을 선별한다. 그 의미에서 보험료 테스트를 실시하기 때문에 일종의 선별주의라고 말하지 않으면 안 된다. 왜냐하면 사회보험은 주지하는 것처럼 '보험료 납부를 조건으로 급여한다'는 것이고, 역으로 말하면 '보험료 부담을 하지 않으면 급여는 배제한다'는 것을 특징으로 한다. 나는 그것을 사회보험의 '배제원리'라고 명명하였다. 이 배제원리가 있는 한 일반적인 이해와는 달리 사회보험도 선별주의라고 말하지 않으면 안 된다. 물론 사회보험은 사보험과는 달리 '사회원리'에 의해 상기의 '보험원리'에 사회정책적인 배려에서 일정한 수정을 한다. 그러나 그 수정은 보험원리를 없애버리는 것이 아니고 어디까지나 완화하는 것에 지나지 않는다. 최종적으로는 보험원리와 사회원리는 보험원리의 우위하에서 통일된다고 할 수 있다.

흔히 일컬어지는 선별주의와 다른 점은 공적부조 등이 저소득자를 선별하여 급여대상으로 하지만, 사회보험은 보험료를 부담하지 않는 저소득자를 선별하여 급여대상으로 하지 않는다는 점이다. 말하자면 일반적인 선별주의와 사회보험의 선별주의는 같은 선별주의이면서 선별의 방향이 반대이기 때문에 사회보장의 본래 실체로부터 말하면 사회보험 쪽이 위험하다고 할 수 있다.

따라서 필자는 오랫동안 사회보험방식을 축으로 하여 사회보장제도를 편성하려는 사고는 재고(再考)할 필요가 있다고 주장해왔다. 본서가 공적개호보장제도에 관한 공비부담방식을 주장한 것은 그 일환이었다.

물론 사회보장의 각 제도 중에는 사회보험방식으로밖에 실시할 수 없는 제도도 존재한다. 그것은 소득비례형 급여제도이다. 소득비례연금과 재직 중 임금에 비례하는 실업급여 등이 이에 해당한다. 이러한 소득비례형 급여제도는 재직 중 임금이 높았던 사람에게는 높은 연금과 실업보험금을 급여하고 임금이 낮았던 사람에게는 낮은 급여를 하는 제도이기 때문에 그것을 공비로 조달하는 것은 공평성이라는 측면에서 문제가 있다. 이러한 제도에 대해서는 사회보험방식으로 실시할 수밖에 없다.

이렇게 소득비례형 급여제도에 대해서는 사회보험이 적용되지만 그 밖의 제도(정액제연금과 개호 등의 사회복지서비스와 의료서비스 등)에서 사회보험방식을 채택할 필연성은 없다. 오히려 운영·재정방식으로서 공비부담방식(조세방식)을 채택하여 진정한 보편주의형 제도를 실현하는 것이 가능하다.

즉 기초연금 등의 정액연금과 아동수당 등의 정액의 현금급여, 그리고 의료·개호·사회복지서비스 등 모든 사람에게 보편적인 급여를 하는 것이 바람직한 제도는 공비부담방식(조세방식)으로 하고, 그 밖의 소득비례형 급여제도는 사회보험방식을 적용하는 공비부담방식 중심형의 사회보장제도를 설계하는 것이다(그 제도설계의 개요에 대해서는 본서에 수록된 졸고「보편주의형 사회보장시스템의 설계와 공적연금제도」를 참조해 주기 바란다).

일본과 한국의 현실에서 본다면 이러한 구상은 꿈같은 이야기라고 생각될지도 모르겠으나 결코 그렇지 않다. 일본에 대해서 말하자면 일본제도는 공적연금제도를 필두로 하여 의료보험에 대해서도 앞에서 서술한 공동화현상이 점점 확대되고 있다. 일본은 개연금, 개보험을 표면적으로 내세우지만 현실제도는 사회보험방식을 선택하였기 때문에 모든 사람이 연금을 받고 있다고는 할 수 없다. 앞으로 무연금과 저연금이 될 우려가 있는 사람이 대량으로 발생하기 때문이다. 의료도 개보험이라고는 말하면서 국민건강보험 체납률은 세대를 단위로 하면 2할에 가깝고 금액을 단위로 하면 1할 가까이 된다. 병이 나도 보험진료를 받지 못하는 사람들이 점점 증가하고 있다.

이런 가운데 특히 기초연금의 공동화에 대한 불안한 여론은 날로 퍼져가고, 현재로서는 모든 야당, 모든 노동조합단체는 기초연금의 운영 · 재정방식을 사회보험방식에서 공비부담방식(조세방식)으로 전환하는 쪽으로 일치해가고 있다. 재계에서도 계속 동조하고 있다. 더욱이 작년 말 이후 여당인 자유민주당에서도 그것을 지지하는 의견을 공표하는 것이 속출하였고, 최근에는 아소 다로(麻生太郎) 자민당 전간사장과 시오카와 마사주로(鹽川正十郎) 전재무대신 우리나라의 기획재정부장관에 해당 - 역자주도 동조하고 있다. 『일본경제신문』(日本經濟新聞)의 주장이 정확한 평가일 것이다. 이 신문은 올해 연두의 1월 7일 조간 제1면 톱에서 기초연금 · 조세방식을 공표하였다. 『일본경제신문』이 일본 보수미디어의 설득력 있는 발언인 것은 너무도 잘 알려져 있고, 이 신문이 조세방식론으로 전환한 것은 큰 영향을 미칠 것이다.

이런 가운데 일본에서는 기초연금의 운영 · 재정방식을 둘러싸고 2008년 중에 큰 움직임이 일어날 가능성이 크다. 나도 그것을 위한 논진을 펴고 있지만 (『임금과 사회보장』(賃金と社會保障) 지의 2008년 3월 상순호, 3월 하순호, 4월 상순호의 졸고를 참조), 그것이 실현되면 그 전환 이유인, 보편주의를 향한 국민의 요구가 의료와 개호 등의 다른 제도에도 영향을 미칠 것은 쉽게 추측할 수 있다. 우선, 기초연금제도에서 공비부담방식으로 전환하고, 점차 다른 제도로 확산되는 것이다.

일본과 한국은 발전단계의 차이는 별도로 하더라도 제도적으로는 너무나 비슷한 면이 많다. 특히 근대화과정에서는 그 경향이 강하다고 생각된다.

본서의 테마인 개호보장의 경우, 한국에서도 작년(2007년) 4월, 노인장기요양보험법이 성립되었고, 금년(2008년) 7월에 실시한다고 한다. 그 성립과정에서 일본 개호보험법이 참고가 된 것은 쉽게 추찰(推察)된다.

본서의 번역자인 손씨의 이야기로는 논의과정에서 여러 안(案)이 있었고, 그 가운데에는 나의 공저(일본어판)도 자주 인용되어 논의의 참고가 되었다는 것이다. 본서의 한국어판 간행이 좀 더 빠른 시기에 이루어졌다면 한국의 정책형성 과정에서 더욱 영향을 끼쳤을지도 모른다는 것을 생각하면 약간 유감이기는 하다. 그러나 사회보장제도의 설계를 둘러싼 논쟁은 한국에서도 계속될 것이고 그것을 생각하면 본서 간행의 의의는 있다고 생각된다.

본서의 한국사회를 향한 메시지는 이미 그 주요한 부분을 서술했지만 한국의 사회보장계에 이러한 제도설계를 둘러싼 본격적인 논쟁이 일어날 것을 기대한다. 그것은 사회보장제도의 의의와 실체를 묻는 본질적인 논쟁이라고 생각하기 때문이다.

나는 작년 출판한 저서『현대사회보장론 - 개보장체제를 지향하며』(現代社會保障論 - 皆保障體制をめざして, 高菅出版, 2007) 중에 사회보장을 생각하는 세 가지 시점을 제기했다. 첫째, '사회적 책임과 연대의 제도화로서의 사회보장' 의 시점이다. 둘째, 자조의 보완으로서가 아니라 '자조의 전제로서의 사회보장' 의 시점이다. 셋째, '소수자 시점의 보편화로서의 사회보장' 의 시점이다. 이에 대한 상세한 설명은 여기서는 생략하지만 이 사회에서 사회보장제도가 자선과 은혜가 아닌, 제도화된 것으로서 등

장하고 정착한 것의 의의를 새삼스레 확인하는 것에 의해 국민생활의 안심과 안정을 보장하는 진정한 사회보장제도를 확립할 수 있을 것이다.

OECD의 최신 데이터(2003년 현재)에 의하면 한국 사회지출(사회보장급여비에 가까운 것)에 대한 GDP의 비율은 5.7%이며, OECD 29개국(터키는 최근 데이터가 없기 때문에 제외) 중에 29위로 최저이다. 일본도 17.7%, 23위로 낮다. 선진국 중에 미국을 제외한 최저이다. 사회지출에 대한 GDP의 비율은 각 나라가 상대적으로 사회보장 등을 어느 정도 중시하는가를 나타내는 것이다. 일본도, 한국도 이 정도로 낮다는 것은 양국 모두 사회보장제도의 정비를 중요시하지 않는다는 것을 의미한다. 역으로 말하자면 일본도, 한국도 사회보장제도를 이후 충실하게 할 여지는 충분히 있고 또 충실히 하지 않으면 안 된다는 것을 보여준다.

본서가 사회보장제도의 의의와 충실에 대하여 한국사회에 어느 정도의 논의를 불러 일으킨다면 나로서는 기대 이상의 기쁨이다. 기탄없는 의견과 비판을 기대한다.

끝으로 본서의 번역을 권하고 실제로 번역하는 데 수고를 해준 손민경씨와 그 출판을 허락해주신 나눔의집 출판사에 감사드린다.

2008년 7월

초봄의 경도 / 불교대학 연구실에서

사토미켄지

역자 서문

한국도 선진제국이 경험하는 저출산·고령사회를, 지금까지 예를 찾아 볼 수 없는 단기간에 경험하고 있다. 최근 몇 년간 대통령공약에 의해 추진된 노인장기요양보험 제도가 2008년 7월부터 실행되었다. 그러나 진행의 실무를 맡아왔던 보건복지부(현, 보건복지가족부)는 일본과 독일의 개호보험의 허와 실을 알면서도 애초부터 보험제도로 진행하려는 의도에서, 다른 북유럽의 개호보장제도의 충분한 검토보다는 독일, 일본의 개호보험을 우선적으로 모방하여 추진한 것은 누구나 알 수 있는 사실이다. 일본의 경우 고령화가 시작되어 30년이란 노인복지서비스의 노하우가 있음에도 불구하고 개호보험 시행 이후 여러 문제점들이 속출되고 있다. 보건복지부의 내부 자료에 의하면 그들 또한 독일과 일본 개호보험의 재정적인 문제 등을 전부 파악하고 알면서도 똑같이 그 전철을 밟으려는 것이다. 어떤 의미에서는 잘못되더라도 한번 보험으로 시작했으니 궤도 수정은 필요 없다는 것처럼 느껴진다.

노인장기요양보험 관련 공청회나 세미나는 이미 형식적인 느낌마저 들었다. 그것은 충분한 정보제공에 의한 조사나 의견수렴보다는 포장된 홍보에 지나지 않았다. 또한 노인장기요양보험법이 만장일치(기권 5인 제외)로 통과되어 금년 7월부터 실시중이지만 이른바 부유층의 의원들이 가난하고 쓸쓸한 노인의 상황을 알리도 없고 알 필요도 없으니, 사회보험으로 하든 사회복지서비스로 하든 무관하다는 것이 만장일치로 표면화된 것은 아닌가 의문이 든다.

한국의 노인요양보험에 대한 바람이 있다면

첫째, 부모님이 이미 안 계시거나 부모님이 보험혜택을 받지 않는 힘겨운 봉급생활자일 경우, 요양보험은 부자노인을 위한 보험료가 아닌 세금일 것이다. 역자는 병들고 경제적으로 어려운 노인도 중요하지만 부모님이 아주 건강하거나 생존하지 않는데도 불구하고 노인(부자노인을 위해라면 더욱 그럴 것이다)들을 위해 계속 의무적으로 보험료를 내야만 하는 힘겨운 세대주 또한 간과해서는 안 된다고 생각한다. 보험료는 그들에게는 세금이며 피와 땀인 것을 잊지 말아야 할 것이다. 따라서 재정/운영관리를 철저히 하여 투명성을 유지해야 한다.

둘째, 노인수발문제에 있어서 공동체의 효 또는 세대간의 효라는 취지는 사회보험이 아닌 사회보장제도로서도 충분히 실행할 수 있다. 그러나 이미 보험제도로서 실행되었다. 철저한 서비스 관리 운영을 하여 보험제도라는 이름만 있고 서비스가 없는 제도가 되거나 서비스 제공자의 역선택이 있어서는 안 될 것이다.

셋째, 일본의 개호보험의 실행에서 개호 관련 종사자의 높은 이직률과 인재확보의 어려움은 매우 잘 알려져 있다. 서비스의 질은 우수한 인재와 그들의 노동조건을 개선하는 것에 달려 있다. 일본의 현실이 우리나라에서 발생하지 않는다는 보장은 없다. 당연한 것이지만 서비스를 필요로 하는 노인들에게 직접적인 영향을 미치는 것이 서비스 제공자이므로 제공자에 대한 관리와 처우개선은 필수조건이다. 그 밖의 것은 지면관계상 생략하기로 한다. 다만 일본개호보험의 문제점과 일본의 형식을 거의 그대로 모방한 연금제도를 비롯한 사회보험제도의 문제점을 알리고 최종적으로는 우리나라의 사회보장사의 발전에 일조가 되길 바랄뿐이다.

이 책은 일본 유학 중의 은사이신 사토미켄지 교수님의 저명한 공저『공적개호보험에 이의가 있다』(公的介護保險に異議あり - もう一つの提案)에서 제1부 신개호보장시스템과 공비부담(조세부담)을 포함하여, 그간의 사토미 선생님의 사회보장제도와 관련된 유명한 논문들 몇 편을 유학 중에 번역한 것이다.

우리나라의 노인요양보험은 일본의 개호보험과 거의 흡사한 제도이기에 참고가 되었으면 한다. 본서에서는 보편성, 권리성, 공평성, 선택성에 대해 다른 어떤 논문에서도 찾아볼 수 없는 명쾌한 설명을 하고 있다. 아마도 사회보장을 연구하는 사람에게는 경전이나 성경처럼 중요한 저서이고 만약 접하지 못한다면 모두가 알고 있는 것을 알지 못하는 것이다.

끝으로 일본의 사회보장연구, 개호보험사에서 빼놓을 수 없는 사토미 선생님의 역작을 번역하고 출판할 수 있게 되어 영광으로 생각할 따름이다. 번역에 충실을 기했으나 문제가 있거나 이의가 있는 분은 기탄없는 충고와 조언을 부탁드린다.

번역서 출판을 흔쾌히 허락해주신 나눔의집 여러 선생님께 감사를 드린다. 그리고 유학생활에 물심양면으로 도움을 주신 여러분들께 감사를 드린다.

번역자 손홍인 드림

보편적
개호보장제도의
제안

공적개호보장에 대한 기대

최근 개호의 공적보장에 대한 논의가 한창이다. 그것을 어떠한 시스템으로 실행할지 하는 문제는 차치하고 정부와 민간의 공적개호보장에 대한 기대와 의지가 높아진 것은 환영해야 할 일이다.

새로운 개호보장시스템 구축의 요구는 시민들 사이에 일반적으로 높아지는 개호에 대한 욕구needs를 반영하는 것으로 각종의 여론조사에서도 확인할 수 있다. 최근의 특징은 특히 새로운 개호보장시스템을 개호보험으로 하자는 의견이 대다수라는 점에 있다. 예를 들면, 1994년 『매일신문』每日新聞의 '고령화 · 개호에 대한 여론조사'ᴬᴬ에 의하면 개호보험의 찬성률은 86%였다. 1년 후의 1995년 같은 조사ᴬᴬᴬ에서도 87%로 아주 높게 나타났다. 1995년 8월 『독매신문』讀賣新聞의 여론조사ᴬᴬᴬᴬ에서도 개호보험에 대한 찬성은 68%라고 보도되었다. 또 총리부의 '고령자개호에 관한 여론조사'(1995. 12. 11)에는 개호보험 도입은 "굳이 선택하라면 찬성이다"를 포함한 찬성이 82%였다고 한다.ᴬᴬᴬᴬᴬ

이상의 조사결과에 의하면, 설문결과의 수치는 설정방식 등에 의해 좌우되는 것이기 때문에 이러한 숫자를 그대로 받아들일 필요는 없지만, 개호보험에 대한 지지율이 언뜻 보아 상당히 높게 나타나는 것은 사실이다.

이러한 사실로부터 여론은 이미 개호보험 지지가 확고해지고 있다고 단정할 수 있을까? 답은 정반대이다. 왜냐하면, 첫째 개호의 공적보장에 대한 사람들의 절실한 바람이, 충분한 정보와 조사문항의 미비함 가운데 우선 개호보험 지지로 표출되는 것에 지나지 않는다. 그것은 앞의 총리부 조사에서도 나타난다. 이 조사는 개호보험의 찬반을 묻기에 앞서

ᴬ 『每日新聞』 1994年 10月 4日. 본래 이 설문은 노인을 개호하기 위하여 개인, 기업, 국가, 지방자치체 등이 일정의 금액을 부담하고, 개호서비스와 현금 등을 지급하는 공적개호보험제도를 검토한 것이다. "당신은 이러한 제도에 찬성입니까?" 라는 것은 다른 선택지가 있는 것도 아니고, 찬성으로 유도되기 쉬운 설문이라고 말할 수 있다.

ᴬᴬ 『每日新聞』 1995年 9月 28日. 이때의 설문도 표현은 달리하였지만 다른 선택지가 없는 점은 예전과 동일했다. 또한 이 여론조사도 상세하게 검토해보면 '국가와 지방자치체가 책임지고 개호해야만 한다' 가 35%이고 '가족이 책임지고 개호해야만 한다' 가 59%나 되며, 또 재원에 대해서 '주로 개호보험료' 는 47%, '주로 세금' 은 24%이고, 개호보험 지지가 87%라고 하는 것으로 모순된 결과를 나타냈지만 여기서는 이 이상은 자세히 다루지 않겠다.

ᴬᴬᴬ 『讀賣新聞』 1995年 8月 24日.

ᴬᴬᴬᴬ 총리부 '고령자개호에 관한 여론조사' (1995년 12월 11일 공표) p.3.

"당신은 현재 공적개호보험제도의 설립에 관해서 검토되는 것을 알고 있습니까? 혹은 알지 못합니까?"라고 질문했고 그것에 대해서 "알고 있다"라고 대답한 사람은 불과 13.1%이며, "공적개호보험제도라는 단어는 들은 적이 있다."는 14.0%이고 "모른다"라고 대답한 사람이 70.5%나 나타났다.[1] 이 가운데 다시 개호보험에 관해서 설명(다른 선택 문항 없이)했을 때의 찬성률이 82%였던 것이다. 정보의 부족은 너무나 명백한 것이다.

둘째, 선택지를 명시한 설문에서는 다른 결과가 보였기 때문이다. 잘 알려진 것처럼 공적개호보장시스템의 운영·재정방식은 개호보험 방식뿐만이 아니라 조세를 주된 재원으로 하는 공비부담방식(조세방식)으로도 구상이 가능하다. 그러나 후자의 입장에서 우리들의 논의[2]가 미력하지만 드디어 침투되는 것도 있고 반대의 여론조사로도 나타나고 있다. 예를 들면, 1995년 10월의 건강보험조합연합회의 조사[3]에 의하면 '개호비용을 조달하는 방법'의 설문에 대해서 "국가와 지방자치체의 공비부담(세금)으로"라고 대답한 사람이 65.4%로 개호보험을 선택한 11.1%를 대폭 상회하고 있다.

[1] 상동 p.36, 66
[2] 里見賢治 「'사회보장장래상위원회 제2차 보고'의 검증 - 사회보장의 이념과 장래상」(大阪府立大學『社會問題研究』제44권 제2호, 1995년 3월); 「고령자 개호정책의 신전개 - 공적개호보장의 과제와 개호보험의 문제점」(大阪市政調査會『市政研究』제107호, 1995년 4월); 「개호는 보험이 아니면 안 되는가?」(『朝日新聞』논단 1995년 6월 1일); 「개호보험이 유일한 선택지인가?」(日本醫療企畵 「월간 ばんぶ」 1995년 8월호); 「사적 개호와 공적 개호」(關西消費者協會『消費者情報』1995년 9월호); 「국민생활과 복지정책의 쟁점 - 중간층중시·사회보험중시형 장래상의 문제점」(法政大學 「대원사회문제연구잡지」 제443호, 1995년 10월); 二木立, 「공적개호보험일변도의 의논에 異義있다(상)(하)」, 『社會保險 旬報』제1867, 1868호, 1995년 3월11, 21일); 「공적개호보험의 3가지의 논점」(『社會保險 旬報』제1887, 1888호, 1995년 9월 21일, 10월 1일); 伊東敬文 「덴마크 24시간 케어의 전개」(『컴뮤니티케어』 1994년 10월호) 등을 참조.
[3] 건강보험조합연합회 「제9회 "건강만들기와 의료"에 관한 조사보고서」, 1995년 10월, p.52

따라서 앞에 소개한 여론조사의 결과는 개호의 공적보장에 대한 뜨거운 기대의 반영이지만 꼭 그것을 개호보험시스템 구축의 지지를 의미하는 것이라고 단정할 필요는 없다. 후술한 것처럼 개호보험에 대한 환상과 착각이 널리 유포된 가운데 공적개호보험에 대한 요구와 기대가 개호보험을 지지하는 것으로 표출된 것은 말하자면 당연한 것이다. 여기에서 사람들의 개호 욕구가 그 정도로 많고, 따라서 그것에 대한 책임 있는 정책적 대응이 급선무인 것을 거듭 확인해 두어야 한다.

새로운 공적개호보장시스템은 보편성, 권리성, 공평성, 선택성 등을 기준으로 구축하지 않으면 안 된다. 이를 위해서는 조세를 주된 재원으로 하는 공비부담방식에 의한 시스템 형성이 최선의 선택이라고 생각한다. 정부 입장을 중심으로 하여 검토중인 공적개호보험 구상은, 첫째, 이러한 조건 중에 보편성, 권리성, 공평성을 충족시키지 못한다. 둘째, 개호보험료의 부담이 사실상 역진적이기 때문에 앞으로는 중 · 저소득자에게 막중한 부담이 될 위험성이 있다. 셋째, 사회보험 방식이 연금 · 의료보험제도에서 계속 모순을 드러내고 있음에도 불구하고 이러한 시점에서 다시 공적개호보험방식을 채택하는 것은 사회보장제도의 발본적인 개혁 · 전환을 퇴보시키고 그러한 흐름을 역전시키는 위험성을 내포한다.

이러한 공적개호보장시스템은 단순히 개호보장제도뿐만이 아니라, 21세기에 있어서 일본의 사회보장제도 전체에 연동하는 것이다. 국민적 합의의 행방은 아직도 정해지지 않았고 이제부터의 논의에 달려 있다. 이러한 시기에 우리들이 새삼스럽게 이 책을 간행하는 것은 그 논의에

더욱 파문을 일으켜 진정한 보편적인 공적개호보장시스템의 구축에 기
여하기 위함이다.

개호정책의
변천과 현장

■ ■ ■

**『황홀(恍惚)한 사람』
의 충격**

아리요시사와코有吉佐和子가 소설 『황홀恍惚한 사람』에서 치매성최근엔 인지증이라고 함: 역자 주 노인의 개호문제를 제시하여 일반에게 경종을 울린 것은 1972년의 일이었다. 그 충격은 대단했지만 오늘날의 시점에서 돌이켜 본다면 그것에 의해 고령자 개호에 관한 발본적인 새로운 대책의 전진이 반드시 눈에 보였던 것은 아니다. 당시 복지시설 등의 양적 정비는 어느 정도 진전이 있었지만 정책의 발본적인 전환은 거의 없었다고 이야기할 수 있다. 분명한 것은 특별양호노인홈의 정원수는 1972년에 2만 183명, 1980년(모두 10월 기준)에 8만 385명으로 약 4배(3.98배)로 연 평균 7,500명 정도 증가했다. 그러나 1972년 말의 노인가정봉사원(홈헬퍼) 수는 6,233명으로 1980년 말에도 9,709명이고, 8년간 1.56배(연평균 434.5명)의 증가에 머물렀다. 결국, 개호문제가 부각된 것은 사실이지만 그 기본적인 방향은 시설 '수용'에 있었다. 이러한 경과에 대해 간단히 회고하려 한다.

고도성장의 종언과 복지정책: 전환과 좌절

이미 알려져 있는 것처럼 『황홀한 사람』이 발표된 1972년 전후의 시기는 1950년대 후반부터 1960년대에 걸쳐 일본경제의 고도 경제성장기의 모순이 경제만이 아니라 생활영역에도 분출하였고 새 출발이 강하게 요구되었다. 그 단적인 예로 1960년대 후반기에 분명히 드러난 공해의 분출이다. 이른바 4대 공해재판이라고 일컬었던 욧카이치 공해, 이따이이따이병, 미나마타병(구마모토 · 니키타) 등이다. 공해는 심각한 형태로 나타났고 중대한 사회문제가 되었다. 이러한 상황에서 국민생활의 향상을 위한 수단인 경제성장은 자기목적화되는 역현상을 일으켰고, 경제성장 지상주의 혹은 경쟁지상주의 풍조가 횡행하였는데 이는 국민

후생성, 「사회복지행정업무보고」 각 연도판에 의함.

생활의 향상을 등한시한 증거였다. 1972년 『경제백서』經濟白書가 이를 솔직히 인정하고 '성장과 복지의 괴리'를 반성한 결과였다.

1970년 전반기는 이러한 상황에서 시작되었다. 이 가운데 책정된 제7차 정부경제계획인 「경제사회기본계획」(1973년 2월)은 부제로 '활력 있는 복지사회를 위하여'로 했고 '활력 있는'이라는 한정적인 표어를 썼지만 '복지사회'의 실현을 정책목표로 채택했다. 정책목표를 복지국가가 아닌 복지사회로 한 것에 대하여 뒤에 '일본형 복지사회'론으로 이어지는 부정적인 합의도 내포하고 있다. 1960년대까지의 고도성장기의 정책태도를 생각해 본다면 어느 정도 변화했다고 할 수 있는 수준이었다. 이러한 변화에 입각해서 복지(사회보장) 수준이 어느 정도 향상되는 방향으로 진행되었다. 즉, 연금급여 수준과 의료보험 급여율의 개선, 혹은 이미 혁신자치체를 중심으로 도입되고 있던 노인의료비 자기부담 무료화를 정부제도로서 추인한 것 등이 있다. 이른바 "복지원년"(1973년)이다.

사회복지 영역에서도 이 무렵보다 약간 이른 시기부터 낙후된 시설에 대한 반성에서 "사회복지시설긴급정비 5개년계획"(1971~1975)이 책정되어 실시중이었다. 앞에서 본 특별양호노인홈의 정비도 이 계획에 의한 것이었다.

그러나 이미 알려진 것처럼 "복지원년"은 "복지 2년"을 맞이하지 못하고 좌절한다. 그 직접적인 계기는 제4차 중동전쟁이다. 이른바 오일쇼

정부 복지정책의 역사적 변천과정에 관해서는 상세하게는 사토미켄지의 「경제정책에 있어서 복지정책」(大阪市立大學, 『經濟學 雜誌』 제86권 제5호, 1985년11월)을 참조.

크는 광란적인 물가상승으로 이어져 일본경제가 급속하게 흔들렸지만, 좀 더 근본적인 것은 1970년 전후에 일본경제의 성장기반이 이미 고갈되기 시작했고 고도성장체제로부터 굴절이 진행되고 있던 것이었다. 오일쇼크는 이미 누적된 모순이 드러나는 데 방아쇠 역할을 하는 것에 지나지 않았다.

어쨌든 이러한 복지원년의 좌절로 이른바 "복지재편성"론이 등장하였다. 드디어 그것은 1970년대 말 "일본형 복지사회"론의 집대성으로부터 1980년대의 "제2임조"第二臨調의 행정개혁 노선과 연결되었다. 노인복지정책은 이러한 시대 상황에서 규정되면서 진행되었다고 할 수 있다.

"사적개호우선"의 시대   이러한 시대배경에서 문제의 범위를 고령자 개호정책으로 한정해서 생각해 보면, 1980년대 중반까지는 기본적으로 사적개호우선이 원칙이었고, 이 기간에 채택된 여러 가지 시책도 그 범위 안에서 생각된 것이라고 말할 수 있다.

예를 들면, 홈헬퍼의 파견사업에 대해서 생각해보자. 초기에는 홈헬퍼는 가정봉사원이라고 불렀고, 파견대상도 저소득세대에 한정하고 있었다. 즉, 후생성 사회국장 통지인 「재가노인복지대책사업의 실시 및 추진에 관해서」(1976. 5. 21)에 첨부된 「노인가정봉사원 파견사업운영요강」(이하 "요강"이라고 함)에는 "노인가정봉사원 파견사업은 신체상 또는 정신상의 장애障碍를 일본에서는 障害라고 함: 역자 주가 있고 일상생활을 영위하는 데

불편함이 있는 노인가정에 대해서 노인가정봉사원을 파견하고 무료로 노인의 일상생활을 보살펴 드리며, 노인이 건전하고 편안한 생활을 영위할 수 있도록 하는 것을 목적으로 한다.”라고 규정하고 있다. 그리고 파견대상에 관해서는 “노인가정봉사원의 파견대상은 노쇠, 심신의 장애, 상병 등의 이유로 와상생활을 하는 등 일상생활을 영위하는 데 지장이 있는 대부분의 경우 65세 이상의 저소득자이고, 개호자가 없는 경우로 한다.”라고 되어 있다. 즉, 개호자가 없는 저소득세대를 헬퍼의 파견대상으로 한 것이며, 바꿔 말하자면 개호자가 있으면 저소득세대라고 할지라도 헬퍼를 이용할 수 없다는 규정이었다. 이 사정은 노인개호인 파견사업(1971년 창설, 1982년 가정봉사원제도로 일원화)에서도 거의 같은 내용이었고, 개호인의 파견대상은 “일시적인 질병 등에 의해 일상생활을 영위하는 데 지장이 있는 대부분의 경우 65세 이상의 저소득자이고, 개호자가 없는 경우로 한다.”라고 되어 있다.

알려져 있는 것처럼, 파견대상을 저소득세대로 하고, 무료로 하는 규정은 중앙사회복지심의회가 「당면의 재가노인복지책의 실태에 관하여」(意見具申, 1981. 12)의 제기를 받아 파견대상을 소득세 과세세대로 확대하는 것으로 변환시켰고, 1982년 10월부터 유료제가 도입되었다. 이러한 변화에도 불구하고, 파견대상에 대해서는 “가정봉사원의 파견대상은 노쇠, 심신의 장애 및 상병 등의 이유로 와상생활을 하는 등 일상생활을 영위하는 데 지장이 있는 대부분의 경우 65세 이상자가 있는 가정이고, 그 가족이 노인을 개호할 수 없는 상황에 있는 경우로 한다."＾로 했으며, 저소득이라는 요건을 제거했지만, 개호자가 없는 경우를 "가족이 노인을 개호할 수 없는"이라는 조건으로 표현만 약간 바꾸었을 뿐 답습하고 있다.

이렇게 가족 중에 개호자가 있다면, 헬퍼를 파견할 수 없다는 규정이 버젓이 통용되고 있는 점은, 고령자 개호정책이 사적 개호우선 중심이라는 사실을 단적으로 나타낸다. 이러한 정책입장은 당시 지배적이었던 "일본형 복지사회"론의 '자조' 중시의 사상에 적합하고, 제2임조에 있어서도 기본적으로 답습되었다. "정말로 구제를 필요로 하는 사람에게 복지의 수준은 견지하면서도"＾＾라고 서술했으며, 복지의 대상을 정말로 구제를 필요로 하는 사람에게 한정하려는 임조의 발상은, 정말로 구제를 필요로 하는 사람을 개호자가 없는 사람으로 간주하는 사적 개호우선의 노선과 통하는 것이었다.

"가족개호지원"으로 전환

사적개호우선의 자세를 보여주는 위의 규정은 그 후에도 계속되었다. '가족개호자' 요건이 없어진 것은 1989년 5월의 「요강」要綱 개정(老福第102호)에 의한 것이었다. 이 개정에 의해 "가정봉사원의 파견대

＾후생성 사회국장 통지 「재가노인복지대책사업의 실시 및 추진에 관해서」(사노 제98호, 1982. 9. 8), 별첨1 노인가정봉사원 파견 운영요강(要綱)에 의함.
＾＾임시행정조사회, 「행정개혁에 관한 제1차 답신」(1981. 7. 10. '임조긴급제언' 행정관리연구센터 p.19)

상자는 노쇠, 심신장애 및 상병 등의 이유로 와상생활을 하는 등 일상생활을 영위하는 데 지장이 있는 대부분의 경우 65세 이상자가 있는 가정이고, 노인 또는 그 가족이 노인의 개호서비스를 필요로 하는 경우로 한다."로 개정되었고, 가족 중에 개호자가 있어도 헬퍼를 파견할 수 있다는 규정으로, 적어도 표면상으로는 개정되었다.

이러한 변화는 그때까지의 정책입장과 비교하면 '가족개호지원'으로 전환했다고 할 수 있다. 엄밀하게 말하자면, 이 '가족개호지원' 정책도 '사적개호우선' 정책의 연장선상에 있는 것이라고도 말할 수 있다. 왜냐하면 가족개호지원정책도 가족개호를 전제로 하고, 개호하는 가족이 개호로 인해 쓰러지지 않도록 지원한다는 측면을 갖고 있고, 그 의미에서도 어디까지나 사적개호를 전제로 하기 때문이다. 그러나 그렇다고 해서 사적개호우선정책과 가족개호지원정책을 동일시하는 것이 꼭 타당성이 있다고는 할 수 없다. 그 사이에는 "일본형 복지사회"론의 정책적 파탄이 있기 때문이다. 그렇기 때문에 사적개호를 전제로 한다고 해도, 모든 자조 노력을 다 소모하고 난 후에야 공적개호를 지원한다는 것이 아니고 그 이전에 공적개호가 가족개호를 지원하는 방향으로 정책 이행을 할 필요가 있기 때문이다. 지금까지의 변화에 주목하여, 이를 좀 더 철저하게 하는 것이 중요하다.

이러한 사적개호우선정책에서 가족개호지원정책으로의 이행의 발단은 1988년 10월 25일의 후생성 · 노동성 연명의 "장수 · 복지사회를 실현하기 위한 시책의 기본방침과 목표"였다. 이것은 후에 "복지비전"이라고 일컬어졌지만, 고령자의 보건·복지시책과 관련해서 2000년도까지의 정비목표로서 홈헬퍼 5만 명 정도, 단기보호 5만 병상 정도, 주간보호(데이서비스센터) 1만 개소 정도, 시설관계에는 특별양호노인홈과 노인보건시설을 합하여 50만 병상 정도라는 수치를 목표로 하였다. 이렇게 구체적인 목표를 설정한 것 자체는 획기적인 것이었다. 그러나 이것이 공표된 것은 소비세와 관련된 것이고, 때마침 국회에서는 소비세 도입을 가부심의중可否審議中이었고, 그 심의에 제출된 요구상황이었으며 널리 주목받았다고는 할 수 없다.

"고령자보건복지 추진 10개년 전략"의 등장

오히려 주목받은 것은 후생성이 대장일본의 구 재무성: 역자주·자치대신대신은 우리나라의 장관에 해당함: 역자주의 양해를 얻어 1989년 12월 21일에 공표한 「고령자보건복지추진 10개년 전략」(이른바 '골드플랜', 본 고에서는 '10개년 전략'이라고 약칭함)이었다. 하지만 이 '10개년 전략'도 그 책정의 경과를 살펴보면 소비세와 관련하여 바람직하지 않은 출자를 하는 것이었다. 즉, 소비세는 1989년 4월부터 도입했지만, 그것에 대한 비판과 반발은 오히려 도입 후에 더 높아진 듯하고, 같은 해 7월 참의원 선거에는 사회당이 대승하였고 자민당이 크게 참패하였다. 이 상태로는 다음 해에 예정된 중의원 선거에서 승리할 수 없다는 위기감을 가지고 있던 자민당이 소비세 재검토를 중점과제로 하여, 1989년 12월 1일에 '소비세

재검토에 관한 기본방침'을 책정하였다. 그것은 소비세의 역진성과 이른바 익세문제_{소비자가 지불한 소비세 가운데 국고로 납입되지 않고 합법적으로 사업자에게 남는 부분, 사업자 면세제도와 간이과세제도에 의해 발생하는 것을 의미함: 역자주} 와 '고령화 사회의 대비'라는 명목으로 도입하고, 복지 부분에 지출되지 않는 것 등의 비판에 대한 자민당 측의 대응을 집대성한 것으로, 그 가운데 "제2 구체적 내용"의 제5항 "고령화에 대응한 공공복지서비스의 충실"의 일환으로서 '고령자보건복지추진 10개년 전략'을 제기했던 것이다. 이 '10개년 전략'에 관해서 자민당이 정부에 검토 요청을 했고, 그것을 요청받은 내각관방장관이 대장·후생·자치 3대신에게 그날 검토요청을 했다. 그 결과 책정된 것은 명칭도 동일한 '고령자보건복지추진 10개년 전략'이었다. 이 '10개년 전략'의 책정 당초의 부제는 "1999년도까지의 10개년의 목표"라는 소극적인 것이었으며, 대부분의 반응도 색다른 반응이 있던 것이 아니었다. 그 후, 여론조작적인 의도도 있고 '골드플랜'이라고 별칭되었지만, 초기에는 후생관료조차도 약칭으로서 '10개년 전략'을 사용하고 있었다.♠

이러한 '10개년 전략'은 약간 심상치 않은 분위기의 출자가 있었고, 또한 설령 그것이 실현되었다고 해도 〈표 1〉에 나타난 것처럼 1980년대 중반의 유럽국가에 미치지 못하는 수준이고, '골드플랜'이라고 하기에는 너무나 미흡한 수준이었다. 이를 '골드플랜'이 아닌 '10개년 전략'이라고 칭하는 것은 이러한 사정에서이다.

♠ 「고령자보건복지추진 10개년 전략」의 책정 전후의 사정 등의 자세한 것은 사토미켄지의 「10개년 전략과 노인보건복지계획」(大阪府立大學, 『社會問題硏究』 제43권 제1호, 1993. 10) 참조.

표 1_각 국의 홈헬퍼수의 비교

국명	년	헬퍼수	인구	인구10만 명당 헬퍼의 수
영국	1985	98,260	47,110	208.6
프랑스	1985	65,000	54,621	119.0
스웨덴	1985	73,808	8,350	883.9
덴마크	1984	33,321	5,112	651.8
핀란드	1984	6,253	4,882	128.1
노르웨이	1983	40,598	4,129	983.2
일본	1985	20,128	121,049	16.7
	1987	23,629	122,264	19.3
	2000 a	100,000	131,192	76.2
	2000 b	170,000	131,192	129.6

※ 비고: 일본의 2000a의 수치는 「고령자보건복지추진 10개년전략」(1989. 12. 21)에 의한 정비목표치, 2000b는 「고령자보건복지추진 10개년 전략의 재검토에 관하여」(「신10개년 전략」 1994. 12. 18) 정비목표치.
※ 자료: 사토미켄지, 「고령자개호정책의 신전개」(大作시정조사회 『시정연구』 1995.4)
※ 원자료: 일본국회도서관조사(日野秀逸 『세계의 의료·일본의 의료』 勞動旬報社, 1990년 p.230) 단, 2000b는 필자가 새로 추가한 것임.

이 '10개년 전략'은 1990년도를 계획 초년도로 설정하고 1999년을 최종년도로 한 것이었다. 구체적인 시책으로서는 ① 시정촌市町村에 있어서 재가복지 대책의 긴급정비(재가복지추진 10개년 사업), ② 와상노인 제로 작전의 전개, ③ 재가복지 등의 충실을 위한 장수사회 복지기금의 설치, ④ 시설의 긴급정비(시설대책추진 10개년 사업), ⑤ 고령자의 삶의 보람 대책 추진, ⑥ 장수과학 연구추진 10개년 사업, ⑦ 고령자를 위한 종합적인 복지시설의 정비 등 7개이다. 이러한 총 사업비(국가·지방자치체분 등의 총액)는 계획기간이 10년이고 약 6조 엔(1989년도 가격)으로 추계되어 있었다. 단순히 1년간을 평균해 보면 6천억 엔이고, 결단코 과

표 2_10개년 전략, 노인보건복지계획, 신10개년 전략의 비교

국명	1989 (계획초기치)	「10개년 전략」	노인보건복지계획 집계치	「신10개년 전략」
홈헬퍼	31,405명	100,000명	168,000명	170,000명
주간보호서비스	4,274개소	10,000개소	13,000개소	17,000개소
단기보호서비스	1,080상	50,000상	60,000상	60,000상
재가개호지원센터	-	10,000개소	8,000개소	10,000개소
특별양호노인홈	164,019상	240,000상	290,000상	290,000상
노인보건시설	27,811상	280,000상	250,000상	280,000상
케어하우스	200명	100,000명	80,000명	100,000명
고령자생활복지센터	-	400개소	400개소	400개소
방문간호스테이션	-	-	3,100개소	5,000개소

※ 자료: 사토미켄지, 「고령자개호정책의 신전개」(大作시정조사회 『시정연구』 1995.4) 원자료, 각자료 모두 후생성
   자료에 의한 것임.

한 액수라고는 할 수 없다.

'10개년 전략'의 7개 과제 중 중심적인 역할을 담당하는 것은, ① 재가복지추진 10개년 사업과, ④ 시설대책추진 10개년 사업이었다. 이들의 주된 과제의 정비수준은 〈표 2〉의 '10개년 전략' 란에서 보여주고 있다. 이것의 목표수치는 뒤에 지방자치체의 「노인보건복지계획」에 의해 간단히 극복된 것처럼 양적으로 불충분한 것은 잘 알려져 있는 바와 같다. 더군다나 헬퍼의 정비는 반드시 상근환산이 아니고, 파트타임과 등록헬퍼도 각각 1명으로 계산하여 10만 명 계획을 한 것도 문제이다. 이는 설령 계획이 달성된다고 하여도, 그것에 의해 확보된 홈헬프서비스의 양이 어느 정도인가를 산정하는 방법조차 없었기 때문이다. 진정한 실효성을 확보하기 위해서는 적어도 상근환산의 정비목표를 제시했어야 했다.

'10개년 전략'에는 앞에서 본 것처럼 여러 가지 문제가 있지만, 그럼에도 불구하고 일본 복지의 저수준을 생각한다면 그 실현조차도 어느 정도 의미 있다는 것이 거짓 아닌 현실이었다. 그것이 소비세와 관련하여 등장했다고 하는 약간 매끄럽지 않은 출자를 가지고 있으면서도, 그 후 급속하게 주목된근거였다. 거기에는 개호를 포함한 보건·복지시책 정비에 대한 국민의 절실한 기대가 불충분하지만 그런대로 투영되어 있다. 이러한 의미에서 '10개년 전략'은 '일본형 복지사회'론이 현실에서는 파탄이라는 것을 정부정책의 수준에서 단적으로 보여준 것이라고 할 수 있다.

'노인보건복지계획'과 그 의미

이러한 '10개년 전략'은 사적개호우선에서 가족개호 지원으로 정책의 중점이 이행하지 않을 수 없는 과정의 산물이었다. 그러나 그것을 더욱더 단적으로 나타낸 것은 지방자치체의 '노인보건복지계획'의 책정이었다. 그것은 1990년 이른바 복지8법 개정의 일환으로서 노인복지법 및 노인보건법에 의해 모든 도도부현·시정촌都道府縣·市町村에 책정이 의무화되었다. 이것에 의해 전국의 모든 자치체는 각각의 '노인보건복지계획'을 책정하고, 자치체마다 정밀함과 엉성함이 있기는 하지만, 1994년 3월까지 책정을 완료했다.

'노인보건복지계획'의 책정 과정을 간단히 돌이켜 보면, 그 준비과정에서 후생성과의 밀접한 연계하에, 1989년 말 장수사회개발센터에 '지방 노인보건복지계획연구반'이 설치되고, 1991년 3월에는 노인보건복지계획이 책정되고 그 기본적 방향이 공표되었다. 게다가 그 부회의 한 부분인 와상상태검토부회는 '장애노인의 생활 자립도'(1991. 10)를, 동반同班 가이드라인 검토부회는 「노인보건복지계획 책정 지침의 골자에 대해서」(1991. 11)를 공표하고, 또한 치매성 노인조사·욕구부회는 「노인보건복지계획책정에 있어서 치매성노인의 파악방법 등에 대해서」(1992. 2)를, 인구 등 조사수법부회는 「시정촌장래인구의 추계에 대하여」(1992. 4)를 계속해서 공표하고, '노인보건복지계획' 책정에 있어서 지방자치체의 계몽을 포함하여 정력적으로 준비작업을 했다. 또한 그 기간에 후생성도 「홈헬프사업운영의 해설서」(1992. 2. 노인복지계획과)를 공표하고, 지지부진한 시정촌의 홈헬프사업에 초조함마저 보이면서 그 촉진을 기획하고 있었다.

이러한 준비작업을 근거로 '노인보건복지계획' 책정을 위한 가이드라인 역할을 한 후생성 노인보건부장 통지 「노인보건복지계획에 관하여」(老計 제86호, 1992. 6. 30)를 완성시켰다. 이것의 본문은 '제1. 노인보건복지계획 작성의 주지, 제2. 노인보건복지계획 작성상의 유의점, 제3. 노인보건복지계획 작성상의 기본방침, 제4. 노인보건복지계획의 내용, 제5. 노인보건복지계획 작성 후의 유의사항, 제6. 시정촌 노인보건복지계획 책정 지침 및 도도부현 노인보건복지계획 책정지침으로 구성되고, 별지로서 「시정촌 노인보건복지계획 책정지침」 및 「도도부현 노인보건

표 3_ 노인보건복지계획에 있어서 서비스 제공 목표량의 표준

서비스의 종류 / 내용		서비스제공 횟수	
		요개호노인	허약노인
재가 복지	홈헬프서비스	주 3~6회	주 1~2회
	주간보호서비스	주 2~3회	주 1~2회
	단기보호서비스	연 6회	연 1~2회
보건 · 의료	기능훈련	주2회(뇌졸중 등의 퇴원후 6개월간)	
	방문지도	연 6~12회	
	노인방문간호	주 1~2회	
	건강교육	연 60회(인구 1~3만 명의 시정촌의 경우)	
	건강상담	연 180회(인구 1~3만 명의 시정촌의 경우)	
	건강검사	시정촌이 그 지역의 실정에 맞게 정한 수진율	
시설	특별양호노인홈	65세 이상 인구의 1%보다 약간 상회함	
	노인보건시설	65세 이상 인구의 1%보다 약간 상회함	
	케어하우스	65세 이상 인구의 0.5%정도	

※ 비고: 요개호노인이란 와상노인 및 개호를 필요로 하는 치매성 노인을 말함.
※ 자료: 『후생백서』(厚生白書) 1992년판, p.161

복지계획 책정지침」을 포함하며, 목표년도에 정비해야 할 서비스의 목표량의 표준을 지시하는 것 등 상당히 상세하게 가이드라인을 제시하였다. 거기서 제시된 목표량의 수준은 〈표 3〉에 제시한 대로이다.

'노인보건복지계획'이 '10개년 전략' 이상으로 주목받은 것은, 첫째 각각의 시정촌이 목표년차를 정해, 그때까지 달성해야 할 정비목표를 명시한 것이다. 둘째, 정비목표량은 욕구를 기본으로 하여 적산하는 방법을 택하였다. 그 때문에, 예를 들면 홈헬퍼의 수에 관해서는 연간 총서비스량(시간 또는 횟수)을 상근헬퍼의 연간서비스 시간수로 나누어서 산출했기 때문에, 필연적으로 상근환산으로 적산된다. 이 점에는 '10개년 전략' 과 '신10개년 전략' 이 커다란 차이를 보이고, 그것만으로도 실효성에서 우수하다고 말할 수 있다. 당연히 이 적산방법의 전제에는 여러 가지 문제가 있지만 여기서는 언급하지 않겠다.

'신10개년 전략' 의 책정

개호정책 발전과 관련하여 '노인보건복지계획' 이 주목받은 것은 전국 시정촌의 '노인보건복지계획' 의 목표수치를 집계한 것에 의하면, 그것이 '10개년 전략' 의 목표수치를 쉽게 달성했다는 점이다. '10개년 전략' 의 낮은 목표 수준이 뜻밖에도 이러한 형태로 현실화된 것이라고 말할 수 있다. 이를 위해 후생성은 '신10개년 전략' 책정을 진행시키지 않을 수 없었다. 1994년 8월에는 그 소안素案을 얻었지만 정부와의 합의까지는 이르지 못하고, 같은 해 12월 18일에 그 소안을 일부 삭감하는 형태로 「고령자보건복지추진 10개년 전략의 재검토에 관해서」(대장·후생·자치 3대신 합의, 이른바 '신골드플랜', 본고에서는 '신10개년 전략' 이라고 약칭함)가 책정되기에 이르렀다. 그 개요는 〈표 2〉에 나타난 것과 같으며, 대부분 '노인보건복지계획' 집계치를 기초로 약간 첨가한 것이었다. 앞에서 지적한 것처럼 '신10개년 전략' 에 있어서 홈헬퍼의 목

里見賢治, 「10개년 전략과 노인보건복지계획」, 전게서 참조.

표치(17만 명)는 반드시 상근환산이 아니라는 문제점이 있고, '노인보건 복지계획'과 비교하면 실효성에 의문점이 있지만, 상근환산으로 충족해야 할 부분은 합의 형식이 비교적 용이하므로 그 밖의 정비목표를 포함해서 '노인보건복지계획'을 훨씬 더 상회하는 '신10개년 전략' 책정의 의의는 크다고 할 수 있다. 특히 그것은 단순히 수치목표를 높게 한 것뿐만 아니라, 다음과 같은 점에서 종래의 발상을 일보 발전시켰다. 첫째 이제부터 몰두해야 할 고령자개호서비스 기반 정비에 관한 시책의 기본형식에 있어서, "그 기본이념으로서 이용자 본위·자립지원, 보편주의, 종합적 서비스의 제공, 지역주의를 들고, 둘째의 시책목표에서는 홈헬프서비스에 관해서 휴일을 포함한 24시간 대응헬퍼(순회형)의 보급을 도모한다."라고 명기하고, 셋째 특별양호노인홈에 있어서 기준면적의 확대(개인실의 추진)를 분명히 밝히고 있다. 종래의 특별양호노인홈과 단기보호시설의 정원을 침상(床)수로 표시했던 것을 입소자 본위(人)로 고쳐서 표시한 것도 당연하지만 추가로 설명해 두어야 한다. 이러한 가운데 단순히 양적인 전진만이 아니라 질적 개선의 시초가 보이기 시작했다고 해도 좋을 것이다..

'10개년 전략', '노인보건복지계획' 및 '신10개년 전략'과 양적인 정비목표 수준이 순차적으로 높아지고 그 발상의 변화가 보이게 된 것은 고령자개호의 현장이 심각하게 증가했다는 것과 함께 고령자 인권을 배려한 케어의 필요성과 인권의 시점을 높이는 것, 또한 인권향상을 규정한 것이라고도 할 수 있다. 그 의미에서 '일본형 복지사회' 론에 근거하여 '사적개호우선' 정책은 이미 파탄났고, '가족개호지원' 정책도 수정해야 할 때가 온 것을 보여주었다고 할 수 있다.

정책이념의 변화: 신 개호보장시스템 형성에 대한 논의의 대두

이러한 변화는 정책이념에 있어서도 나타났다. 그것의 한 과정으로, 사회복지관계 3심의회 합동기획 분과회의 의견구신意見具申 — 금후 사회복지의 방침에 관해서 — 은 건전한 장수·복지사회를 실현하기 위한 제언(1989. 3. 30)이고 그 주지는 1990년의 이른바 복지8법 개정의 결실이다. 그 후 정책이념의 변화가 현저하게 된 것은 수년의 일이다. 그것은 다년에 걸친 자민당 단독정권의 붕괴와 호소카와細川·하타羽田·무라야마村山 내각 및 급변한 연립정권시대의 등장과 무관하지 않을 것이다.

그 명료한 증거는 후생대신의 사적 자문기관으로 설치된 고령사회 복지비전 간담회의 보고 「21세기 복지비전 - 저출산·고령사회를 향하여」(1994. 3. 28)♠이었다. 이 보고는 사실상 중복지·중부담을 제창하는 등 여러 가지 문제점이 있지만, 고령자 개호문제에는 "와상상태나 인지증은 정도의 차이는 있으나 누구에게나 발생할 수 있는 것이고, 이러한 상황을 사회의 필연으로 받아들여, 불안 없는 사회를 구축해 나가는 것이 안

♠후생성대신 관방정책과 감수 『21세기 복저비전』(제일법규, 1994)에 수록. 이하 이 글의 인용은 본문 중에 인용된 페이지만 표시한다.

심할 수 있는 복지사회 만들기의 커다란 핵심"이라는 인식으로 언제, 어느 곳에서도 받을 수 있는 개호서비스, 국민 누구나가 쉽게 가까운 곳에서, 필요한 개호서비스를 받을 수 있는 시스템의 구축을 제창했다(pp.17~18). '21세기 복지비전'의 이러한 입장은 명시적으로 서술되어 있지는 않지만 개호의 사회적 보장을 제창하는 것이었다.

그 다음에 공표된 사회보장제도심의회의 「사회보장장래상위원회 제2차보고」(1994. 9. 8. 이하 '제2차 보고'로 약칭)는 「21세기를 향한 사회복지보장 각 제도 등의 재검토」의 세 번째에 '개호보장의 확립'을 들어 '와상상태 등 생활상에 도움이 필요한 사람과 그 도움을 실행하고 있는 가족을 위하여, 필요로 하는 개호서비스를 부담능력에 구애받지 않고 받을 수 있도록 보장'(p.120)하는 것을 제창했다. '제2차 보고'는 이 개호의 공적보장을 공적 개호보험 방식으로 실시하는 것을 제안하였다. 개호보험에 관해서는, 후생성 사이드의 검토가 진행되었다고는 하지만 정부관계기관이 공식으로 표명한 것은 '제2차 보고'가 처음이었다. '보고'는 공적개호보장을 보험방식으로 실시하는 이유로서, 장수사회에 있어서는 모든 사람이 기간은 어찌되었든 상당 정도의 확률로 개호가 필요

「제2차 보고」는 총리부 사회보장제도심의회 사무국 감수 「안심하고 살 수 있는 21세기의 사회를 목표로」(법연, 1995)에 수록되어 있다. 이하 이 글의 인용은 본문 중에 인용된 페이지만을 표시한다. 또한 '사회보장장래상위원회 제2차 보고'의 전체적인 평가에 관해서는 사토미켄지의 「사회보장장래상위원회 2차 보고의 검증 - 사회보장의 이념과 장래상」(『社會問題硏究』 제44권 2호, 1995. 3)을 참조할 것.

예를 들면, 미공개이지만 후생성고령자개호문제성내검토 프로젝트팀, 「'고령자 자립 지원 보장제도(가칭)' 시안골격(내부자료)」, 『日經ヘルスビジネス』, 1994. 9. 19)은 상당히 자세하게 검토하고 있다.

한 상태가 될 수 있으므로 보험시스템이 적합하다는 것, 보험제도이기 때문에 보험료를 부담하는 보답으로서 수급은 권리라는 의식을 갖게 할 수가 있다는 것, 또 부담과 서비스의 대응관계가 비교적 알기 쉽다는 이유에서 욕구 증대에 대한 양적 확대, 질적 향상을 의도하고 있다는 것에 국민의 합의를 얻기 쉽다는 것, 이용자에 의한 선택이 가능한 것, 현재 발생하고 있는 각 시책은 이용자 간의 부담의 불균형이 시정되고 각 서비스 간의 연계도 한층 더 강화될 수 있다(pp.120~122)는 것 등을 들고 있다. 여기서는 뒤에 검토할 공적개호보험 도입 논거의 거의 모든 것이 서술되어 있다. 그 점들에 대해서는 뒤에서 상세하게 검토한다.

제2차 보고의 견지를 한층 더 추진한 것은, 고령자개호 · 자립지원 시스템 연구회의 '신고령자개호시스템 구축을 향하여' ☙(1994. 12. 13., 이하 '연구회보고' 또는 '시스템연구회보고'로 약칭함)였다. 이 연구회는 후생성 내부의 고령자개호 대책본부(1994. 4. 설치) 안에 있던 연구회(7월 설치)로서 후생성의 개호보험 구상의 이론적 · 정신적 지주를 형성해온 것으로 알려져 있다. 이 '연구회보고'는 '21세기 복지비전'이 제기한 "국민 누구나가 필요한 개호서비스를 손쉽게 이용할 수 있는 시스템"이라는 표현을 계승한 것뿐만이 아니고, 나아가서는 '개호의 기본이념'으로서 '고령자의 자립지원'을 제시하고, 그것을 기본으로 하여 개호보장의 기본적인 방향으로서, ① 예방과 재활의 중시, ② 고령자 자신의 선택,

---

☙ 이 「연구회보고」는 후생성고령자개호대책본부사업국 감수, 「신고령자 개호시스템의 확립에 관해서」(『ぎょうせい』, 1995)에 수록되어 있다. 이하 이 글의 인용은 본문 중에 인용된 페이지만 표시한다.

③ 재가케어의 추진, ④ 이용자 본위의 서비스 제공, ⑤ 사회연대에 의한 상부상조, ⑥ 개호기반의 정비, ⑦ 중층적이고 효율적인 시스템(p.252)의 7가지를 들었다. 이 가운데 '사회연대의 상부상조'의 구체화로서 공적개호보험방식이 제창되었다. '고령자의 자립지원'을 이념으로 하는 공적개호보장제도를 개호보험 방식으로 구축하는 이유는 개호문제는 결코 특별한 일도 아니고, 특정인의 문제도 아니며, 장수화와 더불어 국민 누구라도 생길 수 있는 리스크로 되어가고 있다(p.252)는 판단을 기초로 "이러한 보편적 리스크인 개호문제를 사회적으로 해결해 나가기 위해서는 개인의 자립과 존엄을 기본으로 하면서 사회 전체가 개호위험을 상부상조하는 '리스크의 공동화'의 시점이 필요하다."(p.257)로 하고, "그런 의미에서 본격적인 고령사회에 있어서 개호리스크는 사회연대를 기본으로 하는 상호부조인 '사회보험방식'에 기초를 둔 시스템으로 보완하는 것이 바람직하다."(p.257)라는 논리였다. 상세하게는 '연구회보고'의 제3장 신개호시스템의 실정, 제2절 '개호비용의 보장'에 전개되어 있다. 여기서는 '연구회보고'가 고령자개호에 대하여 고령자의 자립지원이라는 이념으로 공적개호보장시스템을 구상하려는 것의 중요성을 확인해 둘 필요가 있다.

이러한 흐름은 1995년 7월 4일 사회보장제도심의회의 「사회보장체제의 재구축(권고) — 안심하고 살아가는 21세기의 사회를 지향하며」❈(이

❈ 이 「권고」는 전게한 「안심하고 살 수 있는 21세기의 사회를 목표로」에 수록되어 있다. 이하 이 글의 인용은 본문 중에 인용된 페이지만을 표시하고 있다. 또한 권고의 검토에 관해서는 사토미켄지의 「사회보장제도심의회 '1995년 권고'의 의의와 한계」(『社會問題硏究』 제45권 제2호, 1996. 3) 참조.

하, '권고', 또는 '95년 권고'로 약칭함)에도 기본적으로는 답습되어 있다. 이 '권고'는 이 심의회로서는 1962년 이래의 권고이고, 그것 자체로서 검토의 가치가 있지만 여기서 관련하여 말하자면 공적개호보장에 대해서는 '제2차 보고'를 답습하고 개호보험방식을 다시 강조하는 것 외에 눈에 띄는 발전은 없다.

이 시점에서 한 가지 언급하지 않으면 안 되는 것은 노인보건복지심의회의 움직임이다. 이 심의회는 앞에서 서술한 것처럼 고령자개호·자립시스템연구회보고를 받은 형태로 1995년 2월 고령자 개호문제의 실정을 심의하고, 같은 해 7월 26일 「신고령자개호시스템의 확립에 관해서」(중간보고)▲(이하 '중간보고'로 약칭)를 공표했다.

이 '중간보고'는 고령자개호의 사회화의 필요성과 그것을 개호보험방식으로 구축한다는 점에서는 종래노선의 연장선상에 있지만 앞의 '연구회보고' 이상으로 구체성이 없고, 개호보험의 실체 등의 구체적인 점에 관해서는 거의 언급하지 않았다. 또 몇 가지 점에서는 '연구회보고'보다도 후퇴하였다. 이러한 점에 관해서 몇 가지 간단히 살펴보기로 한다.

'중간보고'는 고령자는 다양한 욕구를 갖고 있고, 경제적으로도 자립하고 있는 오늘날, 고령자개호에 있어서도 고령자 자신의 희망을 존중하고 그 사람 나름대로 자립된 질 높은 생활을 할 수 있도록, 사회적으로 지원해가는 것을 기본으로 하고, 그 기본이념에 입각하여 개호가 필요

▲이 「중간보고서」는 전게한 「신고령자개호시스템의 확립에 관해서」에 수록되어 있다. 이하 이 글의 인용은 본문 중에 인용된 페이지만을 표시하고 있다.

한 고령자 누구나, 쉽게, 언제 어디서라도, 원활하게 개호서비스를 이용할 수 있는 조직을 실현한다(p.10)로 되어 있다. 이 표현은 '연구회보고'의 방식과 통하는 것처럼 보이지만 '고령자의 자립지원'이라는 단적인 표현은 보이지 않는다. 또 기본적인 방식으로서 고령자개호에 대한 사회적 지원체제의 정비, 이용자 본위의 서비스체계 확립, 사회연대에 의한 개호비용의 확보라는 3가지를 들고 있는데, 첫 번째 고령자개호에 대한 사회적 지원체제의 정비 가운데, 고령자개호에는 가족의 존재와 보살핌이 중요하다는 것은 개호와 의료의 현장에서 매우 잘 알려져 있다. 그러나 장기에 걸친 개호를 가족이 전면적으로 담당하는 것은 곤란한 면이 많으므로, 가족에게 과중한 부담이 되지 않도록, 개호서비스의 양적·질적인 충실을 도모하고, 고령자개호에 대해서 사회적 지원체계를 정비할 것이 요구된다(p.11)라고 서술하고 있다. '중간보고'는 서두에 고령자에게 있어서 가족의 존재는 중요하다(p.8)라고 새삼스레 확인하고 있는 것과 비교해서 생각하면 '중간보고'가 고령자개호에 있어서 가족의 역할을 중시한 것을 알 수 있다. 이것은 '연구회보고'가 가족에 의한 개호는 전문직이 실행하는 개호와 비교해서 효율적이라고는 말할 수 없는 면이 있다(p.247)라고 하고 재가케어에 있어서 가족의 최대 역할은 고령자를 정신적으로 부양하는 것(pp.254~255)이라 하고, 가족의 역할의 초점을 정신적 지원에 두는 것과 비교하면 현저히 상이하다고 할 수 있다. 이 '중간보고'에 진정한 새로운 점을 요구한다면, 종래 정부관계의 보고와 권고를 의식적이든 무의식적이든 언급하지 않았던 개호보험 방식의 경우는 보험료의 미납·탈락의 문제와 기업의 개호보험료 부담의 가부문제에 대해서 검토과제로서 언급한 점이다(pp.14~15).

이렇게 노인보건복지심의회 '중간보고'는 종래의 도달점보다 후퇴할 위험성이 있고, 최종 보고의 심의가 주목되는 상황이다.

이후의 예정을 당초에는 1995년 12월 중에 노인보건복지심의회의 최종보고가 제출되고, 이것을 후생성에서 법안화하고, 1996년 통상국회에 제안하여, 1997년 4월부터 공적개호보험을 실시하는 것이 가장 빠른 경우로 상정되어 있었다. 이에 대비하여 노인보건복지심의회에는 1995년 9월 29일 제24회 회의에서 개호 급여분과회, 제도분과회, 기반정비 분과회의 3분과회를 설치하는 것을 결정하고, 10월부터 12월까지 각각 4회의 분과회를 열고 활발히 검토해 왔지만, 최근의 보도[*]에 의하면 결정은 1996년 2월로 늦어졌다고 하며, 심의는 난항인 듯하다.

또한 본고가 탈고된 후, 제26회 심의회(1995. 12. 13)가 열려, 3분과회의 '논의의 개요' 등이 보고되었다. 또 제27회 심의회(12월 20일)는 '신개호시스템에 있어서 고령자개호비용 및 기반정비비의 장래추계(개략적인 시산' 등이 제시되었다. 이후, 1996년 1월 17일, 동 25일에 심의회가 열려 1월 31일의 제30회 심의회에 '제2차 중간보고'를 통합할 예정이라 하였다.

이상에서 간단히 본 것처럼 정부관계의 심의회와 연구회의 최근 동향

---

[*] 『每日新聞』 기사, 「개호보험제도 2월에 최종답신」(1995. 12. 5 조간) ; 『日本經濟新聞』 사설, 「개호보험을 도입하기 전에 서비스를 공개하라」(1995. 12. 7. 조간).

은 고령자 개호문제에 대해서는 우여곡절이 있기는 하지만 개호의 사회적 보장 방향을 계속해서 지향한다고 할 수 있다. 그 지향을 공적개호보험방식으로 실시하려는 점도, 상세한 점에 대해서는 여전히 분명하지 않지만 공통적이다.

개호의 사회적 보장에 대한 정책적 지향은 그만큼 국민의 욕구가 절실하다고 하는 것을 나타낸다. 말하자면 그 기대에 부응하지 못하면 정책 운영이 불가능한 상황이 발생할 수 있기 때문이다. 그 절실한 국민의 욕구를 공적개호보험이라는 수법으로 흡수하려는 점에 시대적인 한계가 드러난다고 할 수 있다. 그것은 말하자면 개호의 사회적 보장이라는 새로운 술酒을 사회보험이라고 하는 구태의연하고 오래되고 낡은 가죽 부대에 담으려 한다고 비유적으로 말할 수 있다. 새로 만든 술은 새 가죽 부대에 담아야 할 것이며, 그것을 오래되고 낡은 가죽 부대에 담으려 하면 꼭 내용과 형식의 모순이 생기고, 새로 만든 술(개호의 사회적 보장) 자체도 기능을 원활하게 발휘할 수 없는 우려가 있다.

공적개호보장의 이념과 과제

이념: 요개호자의 자립지원

최근의 고령자개호정책이 개호의 사회적·공적 보장을 지향하려는 것은 이제까지 충분한 개호를 받을 수 없었던 고령자와 장기간의 개호에 심신이 지쳐버린 가족들에 있어서 그 자체로서는 반가운 것이라 할 수 있다. 그런 의미에서 이제까지 본 것처럼 '21세기 복지비전'과 '제2차 보고', '시스템연구회보고', 사회보장제도심의회 '권고', 게다가 노인보건복지심의회 '중간보고' 등이 제기하는 신개호시스템의 구축은 초미焦眉의 과제이다. 문제는 이런 권고와 보고가 이 새로운 개호시스템을 사회보험(개호보험) 방식으로 구상하는 것의 타당성 유무에 있지만, 이는 새롭게 구축된 개호보장시스템의 이념과 목표에 비추어 판단해야만 할 것이다. 따라서 공적개호보장의 운영·재정방식의 검토에 들어가기 전에, 그 기본적인 이념과 방침을 정리해 두고 싶다.

새로운 공적개호보장시스템을 구축하여 실행할 경우, 그것은 개호보장의 새로운 시스템일 뿐만 아니라, 21세기를 전망하는 오늘날, 사회보장제도의 금후의 실태와 함께 연동한다는 것에 유의할 필요가 있다. 그런 의미에서 종래의 사회보장제도의 총괄을 살펴볼 필요가 있다. 그것이 운영·재정시스템의 선택에 깊게 관련된 것은 뒤에 서술한 그대로이다.

그런데 신개호보장시스템의 기본적인 이념이 '사적개호우선'과 '가족개호지원'이 아니고 '시스템연구회보고'가 서술한 것처럼 '자립지원'에 있다는 것은 이의가 없을 것이다. 이 연구회는 그것을 '고령자의 자립지원'으로, 고령자만으로 한정해서 서술하고 있지만, 개호의 필요성이 고령자에게 한정된 것이 아닌 이상에는 폭넓게 장애인까지 포함하도록 구상할 필요가 있다. 따라서 공적개호보장의 기본적인 이념은 '요개호자의 자립지원'이라고 해야 한다. 이와 관련해서 말하자면, 지금까지 소개해 온 정부 관계기관·연구회의 권고·보고는 예외 없이 새로운 개호보장시스템을 고령자에 한정하는 방향으로 생각하고 있다. 비노년층若年 장애인 개호에 관해서는 별도로 생각하고 있다. 1994년 4월에 실시된 독일의 개호보험이 연령제한을 특별히 두지 않은 것과 비교하면 상대적으로 같은 개호보험방식을 제창하는 일본의 제도가 고령자에게 한정한다는 것은 타당성이 결여되었다고 해야 할 것이다.

'요개호자의 자립지원'이라는 이념은 개호서비스가 그것을 필요로 하는 사람을 위한 것이라고 단적으로 표현하고 있는 의미에서 중요하다. 그것은 '가족개호지원'이라는 종래의 목표가 계속되는 것과 대비하면 분명히 알 수 있기 때문이다. '가족개호지원'에서 개호서비스는 가족을 위한 것이라고 할 수 있고, 거기에서는 이용자 본위 등의 시점은 생기기 어렵기 때문이다.

'요개호자의 자립지원'이라는 이념 아래 신개호보장시스템은 '누구나 언제나 어디서나 필요한 서비스를 받을 수 있는 체제'를 목표로 해야 할 것이다. '21세기 복지비전' 이후 정부관계의 연구회나 심의회에서 답습하고 있는 표현을 사용하자면 '국민 누구나 손쉽게 필요한 서비스를 원활히 이용할 수 있는 시스템'이라고 하는 것이다. 정부관계의 심의회나 연구회가 개호서비스에 대해서 이러한 인식에 이르는 것은 논의상 공통 기반을 넓히는 것으로서 크게 환영해야 할 일이다. 이를 기준으로, 이를 실현하기 위해서는 어떠한 시스템을 선택해야 하는가라는 점에 논의를 수렴하는 것이 가능하기 때문이다.

보편성, 권리성, 공평성, 선택성

'국민 누구나, 쉽게, 필요한 서비스를 원활히 이용할 수 있는 시스템'이라는 것은 바꿔 말하면 보편성, 권리성, 공평성, 선택성을 확보할 수 있는 시스템이라고 말할 수 있다.

여기에서 '보편성'은 개호서비스를 필요로 하는 사람은 누구라도 경제적 여건에 구애받지 않고 필요한 서비스를 받을 수 있다는 것이다. '연구회보고'는 이를 "소득의 과다와 가족형태 등에 관계없이, 서비스를 필요로 하는 모든 고령자가 이용할 수 있는 것(서비스의 보편성)"(p.254)이라고 표현하고 있다. 대상을 고령자에게 한정한다는 한계는 있지만, 보편성의 의미는 분명하다.

'권리성'은 보편적으로 제공된 개호서비스가 은혜 또는 자선이 아니고, 권리로서 수급할 수 있다는 의미이다. 사회복지서비스의 권리성에 대해서, 정부 측의 종래의 해석은 서비스 수급은 행정처분이고, 국민은 그 반사적 이익을 받는 것에 지나지 않는다는 입장이었다. 최근 정부 관계기관의 권고나 보고도 그러한 입장을 답습하고, 조치제도는 "피보험자가 서비스를 적극적으로 받을 권리가 있는 사회보험에 비교하면 국민의 서비스 수급에 관한 권리성에 대해서는 크게 다른 점이 있다."(연구회보고, p.249)로 되어 있다. 게다가 '사회보험방식의 의의' 중에 '서비스 수급의 권리성'이라는 1항을 두고, "사회보험방식은 조치제도와 비교하자면 보험료 부담의 보답으로서 서비스 수급이 평가되고 있기 때문에 이용자의 권리적 성격이 강하고, 이용함에 있어서 심리적인 저항이 적다"(p.268)로 되어 있고 조치제도(공비 부담방식)와 비교해서 사회보험방식의 우위성을 주장하고 있다.

현행의 조치제도가 사회복지서비스의 수급을 권리로서 반드시 보장하지 않는 것은 사실이지만, 그것은 권리성을 명확하게 규정하지 않는 현행법의 결함 때문이고, 공비를 재원으로 하는 조치제도이기 때문에 필연적으로 권리성을 상실하는 것은 아니다. 조치제도에 권리성을 포함시키려는 노력을 게을리 해왔던 종래의 정책 책임을 후일로 미루고 "권리성이 없다."고 비판하는 것은 정합성 있는 주장이라고 할 수 없다.

그러나 예를 들어, 조치제도를 비판할 의도라고는 하지만 '권리성' 확보의 필요성을 언급하는 것은 이제까지 후생성 측의 방식으로는 어느 정도 전진한 것이라 할 수 있다. 따라서 사회보험방식으로 하는 것만이 권리성을 확보할 수 있는 것인가, 아닌가는 잠시 그대로 접어두고 공적 개호보장에 있어서 권리성의 중요성은 정확하지 않게 대략적으로 합의되고 있다고 해도 좋을 것이다. 다만, 노인보건복지심의회 '중간보고'에는 권리성의 개념은 거의 없어져 버렸다.

다음으로 '공평성'은 서비스 이용과 재원부담, 혹은 이용자부담에 있어서 적용된 개념으로 그것 자체로서 이론異論은 없을 것이다. 다만, 어떤 시점의 공평인지를 생각하는가에 관해서는 특히 재원 조달상에서 논의해야 하지만 그것에 관해서도 뒤에 상세히 다루겠다.

조치제도와 권리성에 관해서는 사토미켄지의 「고령자개호정책의 신전개 - 공적개호보장의 과제와 개호보험의 문제점」(大阪市政調査會, 『市政研究』 제107호, 1995. 4. pp.15~18)을 참조하시오.

'선택성'은 이용자가 주체가 되어 필요한 서비스를 선택할 수 있는 것이다. 이러한 의미의 '선택성'에 관해서 '연구회보고'는 "공비(조치) 방식의 경우는 행정처분으로서, 욕구와 소득 등의 심사에 의거하여 행정기관이 서비스 이용을 결정한다. 이것과는 대조적으로 사회보험방식에서는, 서비스 이용은 이용자와 서비스 제공기관과의 계약에 기반을 두고 있기 때문에 고령자의 선택이라는 관점에 좀 더 상응하는 시스템이라고 할 수 있다."(p.268)라고 하고, 이 점에서도 사회보험방식의 우위성을 강조하고 있지만, 뒤에 서술하는 것처럼 선택성의 유무를 좌우하는 것은 공비부담방식인가, 사회보험방식인가라는 점보다는 오히려 서비스 공급량의 충분성에 의존한다고 해야 할 것이다. 서비스 공급량이 충분하다면 공비부담방식이라도 선택성을 확보하는 것은 가능하고, 반대로 그것이 불충분하다면 사회보험방식일지라도 선택성을 확보하는 것은 불가능하기 때문이다.

이렇게 선택성의 확보는 서비스 공급량과 밀접하게 관련되어 있지만, 그렇다고 새롭게 구축해야 하는 공적 개호보장제도에 있어서 선택성의 확보가 하나의 핵심이라는 데 대해서는 이론異論이 없을 것이다.

이상에서 지적한 것처럼 지금부터 시작할 새로운 개호보장시스템은 개호를 필요로 하는 자의 자립지원을 이념으로 하고 보편성, 권리성, 공평성, 선택성 등을 충족하는 것으로 구축할 필요가 있다. 그것을 위해서는, 첫째 개호서비스의 기반과 서비스의 양·질을 정비할 것, 둘째로 보편성, 권리성, 공평성, 선택성을 충족하기 위한 욕구의 개발 및 파악과 서비스공급의 형태 등을 포함한 운영 · 재정시스템을 구축하는 것이다. 이에 관해서도 순차적으로 검토하겠다.

개호서비스의 양적 · 질적 정비의 긴급성 '국민 누구나가 쉽게 필요한 서비스를 원활히 이용할 수 있는 시스템'을 만들기 위해서는 우선 충분한 양과 질을 갖춘 서비스의 준비가 필요하다. 이는 새로운 개호보장시스템을 개호보험방식으로 구상하는 것이든 혹은 공비부담방식으로 생각하는 것이든 간에, 어느 쪽이든 당연한 전제로서 요구된다는 점은 쉽게 이해할 수 있을 것이다.

개호서비스의 양적 · 질적 정비에 대해서는 공비 투입에 의해 강력하게 준비해야 한다고 생각한다. 다행히 이 점에 대해서는 개호보험방식을 주장하는 사회보장제도심의회도 '제2차 보고'에서 "당면의 기반 정비는 일반재원에 의존한다."(p.120)라고 했다. '권고'에서도 거의 같은 취지를 답습하여 "차후 증대하는 개호서비스의 욕구에 대한 안정적이고 적절한 개호서비스를 공급하기 위해서는 기반 정비는 일반재원에 의존한다고 하여도 제도 운용에 필요한 재원의 대부분은 보험료에 의존하는 공적 개호보험을 기반으로 해야만 한다."(p.34)라고 서술하고, 경상적 경비 수준으로 개호보험을 주장하면서 개호서비스의 기반 정비에 대해서는 일반재원으로 충당할 것을 주장하고 있다. 노인보건복지심의회의 '중간보고'도 '개호서비스의 기반 정비'에 대해서 서술한 부분에 "신골드플랜 및 지방노인보건복지계획에 의한 개호기반의 정비를 확실히 진행시키는 것과 함께 욕구가 한층 증대·다양화하는 것을 근거로, 필요한 재원 확보를 도모하고, 고령자의 생활권을 기반으로 한 개호서비스의 정비 수준과 내용을 한층 충실히 하고 강화를 도모해야 한다."(p.11)라고 서술하였다. 이것은 약간 애매한 표현이지만 공비재원에 의한 개호서비스 기반 정비를 지지하는 것이라 생각한다. 또 '시스템연구회보고'도 개호기반을, 사회자본 = 복지기반으로서 평가하고 "신공공투자기본계획에 있어서도 생활·복지분야에 대한 투자배분의 확충이 제시되어 있는 상황이고, 본격적인 고령사회를 향해 사회자본 정비라는 관점에서도 종합적인 개호기반의 정비에 적극적으로 몰입하는 것을 강하게 바라고 있다."(p.259)라고 간접적으로 표현하면서도 개호기반 정비를 공비(세금) 주도로 실시할 것을 요구하고 있다. 연구회위원의 한 사람인 오카모토유우조岡本祐三는 개호보험방식을 계속해서 제창하지만, 개호서비스의 기반 정비에 관해서는 그 "고정자본 부분의 정비에 대해서는 대부분을 보험료가 아닌 공비(세금)로 조달해야 한다."♣라고 하고 있다.

이렇게 개호서비스의 기반 정비에 관해서는 개호보험론자라 하더라도 재원은 공비로 조달하도록 추진하는 것에 대해서는 기본적으로 같은 생각이라고 할 수 있다. 그것은 중요한 점이다. 공적개호보장시스템을 어떤 방식으로 구축하는 것이든 그 전제인 개호서비스의 양적·질적 정

♣ 岡本祐三, 「개호보험구상」(大阪市政調査會, 『市政研究』 제107호, 1995. 4), p.43.

비는 초미의 과제로서 곧 착수하지 않으면 안 되는 과제이기 때문이다.

홈헬퍼 정비계획의 문제점과 과제

개호서비스의 정비에 대해서는 이미 서술한 것처럼 '10개년 전략', '노인보건복지계획', '신10개년 전략' 등에 제시되어 있다. 현재 유효한 정비 목표는 전국 수준을 '신10개년 전략'까지 달성하는 것이고, 지방자치체 수준을 '노인보건복지계획'으로 달성하는 것이다. 그러나 종종 지적되는 것처럼, 이러한 계획은 완전히 실현된다 해도 '국민 누구나 쉽게 필요한 서비스를 원활히 이용할 수 있는 시스템'과는 아주 거리가 멀다는 것은 매우 잘 알려져 있다.

예를 들면, 홈헬퍼에 대해서 생각해보자. '신10개년 전략'에서 헬퍼는 1999년도에 전국에 17만 명을 목표로 하고 있다. 다만, 이 17만 명은 '신10개년 전략'의 달성 상황을 나타내는 각 연도의 헬퍼 충족상황에는 파트타임 헬퍼이거나 등록 헬퍼도 각각 헬퍼 한 명으로 환산한 합계 총수로 공표하고 있기 때문에 상근환산한 17만 명의 정비계획을 생각하는 것인가, 아닌가라는 의문도 있지만 '노인보건복지계획'의 전국 집계치 16.8만 명은 상근환산치이고, '신10개년 전략'은 그것을 고려해서 책정한 경위가 있으므로 이를 상근환산해서 17만 명이라 생각하는 편이 합리적이다.

그런데 상근환산 17만 명 헬퍼로 어느 정도의 서비스 양을 확보할 수 있는 것일까? 상근 헬퍼 한 사람의 연간 실 노동시간을 정부 목표치인 1,800시간[1]으로 계산해 보자. 이 경우 사무시간이라든가 케어플랜 등을 위한 회의시간, 혹은 방문할 곳의 왕복 교통시간 등을 고려한다면 상근 헬퍼가 홈헬프 서비스를 위해 실제로 사용하는 서비스시간은 1일, 실 노동시간 8시간 중에 최대한으로 생각해도 평균 5.5시간 정도라고 생각해야 할 것이다. 따라서 헬퍼 한 사람의 연간 실 서비스 시간은 1,240시간 정도(실노동 1,800시간)이다. 따라서 총 서비스시간은 17만 명×1,240시간이 된다. 한편 재가의 중도 와상고령자의 자립지원을 위해 필요한 개호서비스시간은 모델설정의 방법에 따라 크게 달라질 수 있지만, 여기서는 후생성의 통지 등을 참고하여 생각해 보기로 하자.

한 가지 방법은 홈헬퍼의 파견체제 정비에 해당하는 지방자치체의 방침이 참고가 된다. 후생성 사회국 노인복지과장 통지 「노인가정봉사원 파견사업 운영의 개정점 및 실시수속 등의 유의사항에 대해서」(社老 第99호, 1982. 9. 8)는, "정비계획의 책정에 대해서는 다음 사항에 충분히 유의할 것"이라는 내용이다. 그 첫 번째를 다음과 같이 서술하고 있다. 가정봉사원의 파견은 1일 4시간, 1주 6일간, 1주당 총 18시간을 상한으로 하여 서비스 양을 조정하고, 이에 대응하는 파견체제의 정비를 실행하도록 하는 것이 원칙으로 되어 있다. 이 "1일 4시간, 1주 6일간, 1주당 총 18시간"이라는 규정은 종래의 지방자치체 관계자에 의해 헬퍼 파견의

[1] 경제기획청편집(정부경제계획) 「생활대국5개년계획 - 지구사회와의 공존을 목표로」(대장성 인쇄국, 1992년) p8

상한으로 이해되는 경우가 많았다. 그러나 후생성 노인복지과가 1992년 3월 6일의 전국 노인보건관계주관 과장회의에 제출한 홈헬프사업운영의 해설서에는 이에 대해서, "이 규정은 어디까지나 파견체제의 정비기준이고, 고령자 개개인에 대한 홈헬프 서비스 양을 규정한 것은 아니다. 반복하지만, 헬퍼 활동시간의 상한도 아니고, 또한 대상자에 대해서는 홈헬프 서비스 양을 규정한 것도 아니다."라고 매우 강조하고 있기 때문에, 1주당 총 18시간의 서비스시간을 상정하는 것은 반드시 과대한 상정이 아니고, 오히려 중도重度의 재가 요개호자 자립지원을 위한 서비스로서는 너무 낮은 수준이라고 생각해도 좋겠다.

또한 이 「홈헬프사업운영 해설서」의 기술은 현재에도 후생성 관계자가 인용하는 등 중시되고 있다. 이야기의 본론에서 약간 빗나가는 것 같지만, 이 해설서에 대해 간단히 언급하고 싶다. 이 해설서는 '신10개년 전략'의 추진이라든가 지방 '노인보건복지계획'의 책정에 해당하는 "홈헬프사업의 적절한 운영의 보급을 도모하기 위해 작성한 것"이고, "사업운영요강, 의문해석회답 등 홈헬프사업에 관한 종래의 지침, 해석회답 등을 정리함과 함께 1992년도의 집행방침에 관해서 분명하게 하였다."라고 되어 있다. 이 가운데 "홈헬퍼의 파견대상자를 1인세대로 한정하는 것은 적당하지 않다. 또 동거가족이 있다는 이유로 파견하지 않는다든가 파견의 우선순위를 뒤로 하는 것이 있어서는 안 된다. 따라서 현재 요강 등에 의해 이런 제한을 설정하는 시정촌은 이를 빨리 철폐해야 할 필요가 있다."라고 새삼스레 강조하는 등, 주목해야 할 점이 아주 많다. 특히 홈헬프사업의 보급이 좀처럼 진행되지 않는 것에 초조함이 있는 것 같고, 홈헬퍼의 활동상황에 대해서는 복지맵 등 현 시점의 데이터에 의하면, 이용자 1인당 전국 평균에는 주 1회 2~3시간의 서비스 제공으로 되어 있고 대상자의 욕구에 반드시 충분하게 대응한다고는 할 수 없는 것, "홈헬퍼의 서비스의 내용에 대해서는 종래부터 신체개호, 가사원조를 들 수 있지만, 와상고령자에 대한 홈헬프서비스의 실시상황은 재가와상고령자의 8.8%에 지나지 않는 실태이다(1991. 2. 전국 노인보건복지관계주관과장회의 자료)."로 되어 있고, "이러한 결과의 주원인의 하나로는 시정촌이 서비스를 제공할 때, 서비스의 횟수와 시간을 대상자와 가족 상황에 관계없이 일률적으로 정하는 것 등, 욕구가 있음에도 불구하고 제한하는 것이다. 공연히 획일적인 서비스를 정하는 것은 적당하지 않다. 이러한 요강 등을 결정하는 시정촌은 빨리 개정할 필요가 있다."라고 서술했으며, 홈헬프사업의 보급이 진행되지 않는 주원인의 하나를 시정촌의 자세로 귀결했다. 그리고 이에 이어 '1일 4시간, 1주 6일, 1주당 총 18시간' 이라는 규정을 "대상자에 대한 서비스의 상한 혹은 홈헬퍼 활동시간의 상한으로 이해되고 있는 경향이 있다."로 하면서 앞서 인용한 것처럼 '파견체제 정비의 기준' 에 지나지 않는다고 하였다. 시정촌이 '1일 4시간, 1주 6일 1주당 총 18시간' 이라는 규정을 서비스 양의 상한으로 이해하는 것은 1982년의 통지 ♣를 있는 그대로 읽는다면 오히

♣ 1982년의 '노인가정봉사원 파견사업 운영의 개정점 및 실시과정 등의 유의사항에 관해서' (전게)는 「홈헬프사업운영의 해설서」가 출판된 이후에도 유효하기 때문에, 『노인복지관계법령통지집』(후생

려 무리가 없는데, 그럼에도 불구하고 '해설서'에서처럼 홈헬프사업 보급이 늦어짐을 오로지 시정촌의 탓으로 하는 것은 공정한 논의라고는 말할 수 없지만, 그렇다 하더라도 여기에서 1주일당 18시간의 헬퍼파견이 상한이 아니고 기준이라고 되어 있는 것이 중요하다.

그런데 이렇게 1주당 18시간의 개호서비스로 연간 46주(단기보호서비스 이용을 연간 6회로 한다)로 하면, 필요한 개호시간은 연간 828시간이다. 이를 앞에서 본 총서비스 공급량(17만 명×1,240시간)과 대비하면 '신10개년 전략'의 헬퍼 17만 명 정비계획(상근환산)이 달성된다고 해도, 이 계획으로 감당할 수 있는 재가의 와상상태인 요개호자는 대강 25.4만 명 정도가 된다.

요개호시간 산정의 다른 방법은 후생성 노인보건부 통지, 「노인보건복지계획에 관해서」(老計 제86호, 1992. 6. 30)에서 알 수 있듯이 '서비스 제공의 목표량 표준'(앞의 〈표 3〉)을 참고로 한다. 그 '표준'에 의하면, 요개호노인의 홈헬프서비스는 주 3~6회로 되어 있지만, 앞의 「홈헬프사업운영의 해설서」에서 말한 것처럼 "이 목표 수준은 표준이고, 요개호노인에 대해서는 지역의 요개호노인의 장애 정도 및 가족개호력의 상황에 맞추어 적절한 증감조정을 도모한다."라고 되어 있으며, 지금 문제가 되는 것은 요개호노인의 '자립 지원'을 위한 개호서비스이므로, 그 상한을 가지고 계산해 보는 것은 하나의 기준으로서 타당성이 있을 것이다.

성노인보건복지국 감수, 1994년판, 장수사회개발센터)에 수록되어 있다.
이하라카즈토(伊原和人), (후생성 고령자개호대책 본부과장보좌)는 "현재는 상한은 없다"라고 확인하고 있다(오카모토유우조 감수, 「공적개호보험의 모든 것」, 아사히컬처센터, 1995. p.155).

그림 1_요개호 고령자 추계

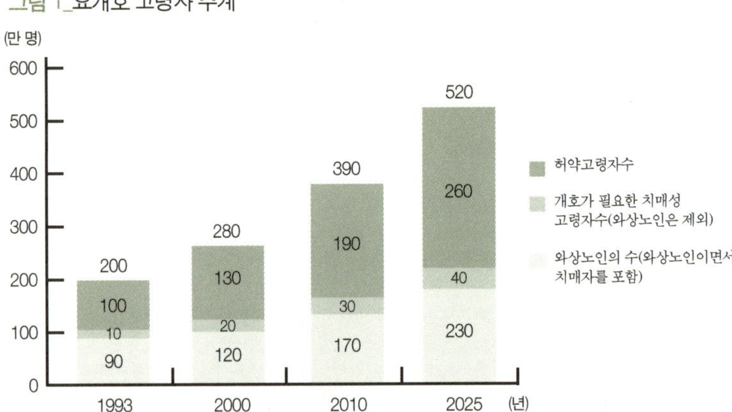

※ 주: 단수처리 관계로 합계가 정확하지 않을 경우가 있음.
※ 자료: 고령자 개호·자립지원시스템연구회 「신 고령자개호 시스템 구축」(1994년 12월 13일) 참고자료에 의함.

거기서 그 상한(주 6회, 1회당 2시간)을 두고, 연간 46주(단기보호서비스의 이용을 6회로 한다)로 한다면, 필요한 개호시간은 연간 552시간 정도가 된다. 이러한 경우에는 17만 명의 상근헬퍼로 서비스 할 수 있는 인원은 약 38.2만 명이 된다.

이러한 요개호시간의 설정방법에 의해 상근환산 17만 명의 헬퍼로 서비스 가능한 요개호고령자수는 변동하지만, 그것이 25.4만 명이든 38.2만 명이든 결코 충분하지 못하다는 것은 분명하다. 왜냐하면, 첫째 요개호고령자수의 장래 추이와 비교해보면 압도적으로 부족하기 때문이다. 〈그림 1〉에서 나타나는 것처럼 '신10개년 전략'의 목표년도인 2000년의 요개호고령자수는 와상노인(와상상태이면서 치매인 자를 포함해서) 120만 명, 요개호의 치매성 노인(와상상태인자를 제외) 20만 명, 허약노인 130만 명으로 요개호노인은 합계 280만 명(단수처리 관계로 각항의 합계와는 맞지 않음)으로 추계되었다. 와상노인 및 요개호의 치매성 노인 140만 명으로 범위를 좁혀 생각해도, 이때의 특별양호노인홈의 정비목표 29만 명, 노인보건시설 28만 명, 장기입원자 28만 명(이 수치만 1993년 현재) 등을 제외하고 55만 명이 재가라고 추정되며, 이것에 130만 명의 허약노인에 대한 서비스를 생각하면 분명 부족한 상태이다. 또한 후생성이 제27회 노인보건복지심의회에 제출한 자료에는 2000년의 재가요개호노인(치매를 포함)은 70.8만 명, 허약노인 130만 명으로 추계되어 있다. 서비스 양의 부족상태는 한층 더 분명하다.

둘째, 상기 모델설정은 재가요개호자의 자립지원을 위하여 소극적으로 되어있다. 1주당 12시간 또는 18시간의 홈헬프서비스로 어느 정도 재가생활이 가능한가를 생각해 보면 그것이 소극적임을 이해할 수 있을 것이다. 또한 상기의 설정은 24시간 서비스 실시에 대응하는 것이 아니므로, 이를 전제로 한 체제를 상정하자면 더욱 많은 서비스의 공급이 필요하기 때문에 그 부족은 더욱 분명하다.

또한 후생성이 노인보건복지심의회분과회에 제시한 서비스모델안(뒤의 〈표 9〉)에 상정된 서비스는 더욱더 빈약한 것이다. 가장 많은 경우에도 주 14회의 홈헬프(그 가운데 7회는 순회형)로 주 11시간 20분으로

제27회 노인보건복지심의회의 배포자료 「신개호시스템에 있어서 고령자 개호비용 및 기반 정비량의 장래추계」(개략한 시산) p.7.

되어 있지만 이 점에 대해서는 후술하기로 한다.

다소 상세하게 '신10개년 전략'의 홈헬퍼 정비계획에 대해서 검토했지만, 분명한 것은 이 정비계획은 긴급하게 달성되지 않으면 안 된다. 하지만 이는 최종 목표가 아니고 좀 더 나은 정비를 향한 통과점에 지나지 않는 것이다. 그러나 상기의 검토에는 헬퍼 17만 명을 상근환산으로 검토했지만, 이미 서술한 것처럼 '신10개년 전략'은 그 점을 분명히 하지 않고, 오히려 달성 경과의 실적치에는 비상근 헬퍼나 등록 헬퍼도 1명으로 환산한 총수치를 공표하고 있기 때문에 의도적인 정비목표의 위험성이 있는 것을 생각하면 더욱더 그 위험성을 느낄 수 있다.

어쨌든 '신10개년 전략' 및 '노인보건복지계획'의 정비목표치를 조기 달성해야 하고, 이를 달성한 후에도 더욱더 정비를 진행하는 것이 공적 개호보장의 충실한 전제이다. 이를 위하여 유의할 필요가 있는 것을 상기의 검토에 입각하여, 홈헬퍼의 경우를 예로 제시함으로써 간단히 검토해 두고자 한다.

서비스의 양적 정비를 위한 필요조건

우선, 헬퍼에 한정된 것은 아니지만 필요한 서비스 공급량을 확보할 수 있는 정비계획을 책정해야 한다. 이미 서술한 것처럼 '신10년개년 전략'의 헬퍼 17만 명 계획은 꼭 상근환산이 아니고 합계 수치이기 때문에 실효성의 결여라고 하지 않을 수 없다. 여기에서 분명히 상근환산(정확하게는 정규직원 환산)하여 17만 명으로 해야만 한다.

둘째, 상근환산하여 17만 명이라면, 그 내실은 파트타임과 등록헬퍼만으로 만족할 수 있는가라는 문제가 있다. 개호서비스는 단순히 서비스를 세분하여 제공하는 것이 아니고, 생활 전체에 관련되기 때문에 그 일부에 관련된 이상, 적어도 기본적인 부분은 상근직원 또는 정규직원으로 충당해야 한다. 그것에 의해서 헬퍼의 정착도 가능하게 된다. 헬퍼에 한정된 것은 아니지만, 우수한 인재를 다수 모이게 하기 위해서는 신분상의 안정적인 처우(상근 또는 정규직원)를 갖추어야 한다.

이 점에 대해서 현실에서는 염려되는 사태가 진행되고 있다. 원래 후생성 사회국장 통지 「재가노인복지대책사업의 실시 및 추진에 대하여」(社老 제28호)에 첨부된 「가정봉사원파견사업 운영요강」에는, "노인가정봉사원의 근무형태는 상근을 원칙으로 한다."라고 하고, 그것이 곤란할 때에는 비상근을 예외적으로 인정한다고 하지만, 1982년 9월 8일의 「요강」 개정(社老 제98호)에서 "가정봉사원의 근무형태는 항상적, 임시적, 개호수요량 등을 종합적으로 판단해서 결정하는 것으로 한다."라고 개정됨으로써, '상근을 원칙으로' 라는 조항은 삭제되었다. 이에 따라 헬퍼의 비상근화가 급속하게 진행된 것은 쉽게 추론된다. 후생성은 홈헬퍼의 실제 수에, 상근·비상근을 따로따로 계통적으로는 공표하지 않았지만, 예를 들어 헬퍼 1인당 파견세대수 추이에서도 그것을 확인할 수가 있다. 또한 근무형태에 대한 이 규정은 1988년까지이고, 1989년도의 「요강」 개정(老福 제102호)에서 '가정봉사원의 근무형태' 의 규정은 완전히 폐지되었고, 현재까지 그 상태는 여전하다.

〈표 4〉에 의하면, 헬퍼 1인당의 파견세대수는 1982년까지는 7세대 전후로 안정되어 있었지만, '상근을 원칙으로' 라는 규정이 없어진 이후 계속해서 저하되었다. 1994년도 말(1995. 3)에는, 3.10세대까지 저하되었다. 헬퍼 1인당 파견세대수의 이러한 지속적인 저하는, 분명히 상근 헬퍼 비율이 감소된 결과라고 생각된다. 앞에서도 서술한 것처럼 후생성은 상근·비상근을 따로 공표하고 있지 않으므로 그 비율은 정확히 알 수 없지만, 1991년 10월 2일 자민당 사회부 보건의료·복지 맨파워소위원회에 대한 후생성의 설명에는 1991년 3월 말의 근무형태에 대해서, "근무형태로는 상근과 비상근이 있고, 최근 비상근 홈헬퍼의 증가는 현저하다." "상근 34%, 비상근 66%" 라고 보고하였다.[가] 또 나카무라슈이치中村秀一 후생성 노인복지계획과장(당시)은 참의원 지방행정위원회에서의 질문에 대한 답변으로 "(10개년 전략) 설정 시의 홈헬퍼수는 31,405명이었고, 이는 당시의 상황을 보자면 60% 정도가 비상근이었다고 합니다." 라고 서술하고, 게다가 "1992년도 예산에 있어서는 (중략) 최근의 홈헬퍼의 상근, 비상근의 실태를 살펴보면 3할을 상근, 7할을 비상근으로 예산상에는 적산되어 있습니다."[나] 라고 답변하였다. 이상을 종합하자면, 1989년 말경에는 상근 비율이 4할, 1991년 3월에는 34%, 1992년 3월에는 마찬가지로 3할이었고, 지속적으로 저하하였다. 현재 더욱더 저하하고 있는 것

[가] 자민당 사회부회 보건의료·복지 맨파워소위원회에 제출한 후생성 설명자료에 의함(『주간사회보장』(1991. 11. 4. p.54)).
[나] 참의원 지방행정위원회 사의록 제3호 자료(1992. 4. 7)에 의함.

표 4_홈헬퍼수 및 헬퍼 1인당 파견세대수의 추이

연도	헬퍼수 (예산) (단위: 명)	헬퍼수 (실적) (단위: 명)	헬퍼 1인당 파견세대수 (단위: 세대)
1980	13,220	12,100	6.99
1981	13,320	12,362	7.08
1982	16,618	12,432	7.05
1983	18,278	17,361	5.18
1984	19,908	19,107	4.79
1985	21,613	20,128	4.63
1986	23,555	21,381	4.56
1987	25,305	23,627	4.34
1988	27,105	25,860	4.19
1989	31,405	31,049	4.03
1990	35,905	38,945	3.78
1991	40,905	48,591	3.54
1992	46,405	58,427	3.44
1993	52,405	71,783	3.27
1994	59,005	86,223	3.10

※ 비고: 1. 헬퍼수(실적)1980~1984년도 각 연도 9월 말 수치, 1985년도 이후 각 연도 말 수치이다.
　　　　 2. 헬퍼수는 노인홈 헬퍼만이 아니고 그 밖의 헬퍼도 포함되어 있음.
※ 자료: 사토미켄지 「신10개년 전략」과 「노인보건복지계획」(『사회문제연구』1993년10월호)에 게재한 표에 최신 자료를 보충, 헬퍼수/실적과 헬퍼 1인당 파견세대수는 후생성 『사회복지행정업무보고』 각 년도판, 헬퍼수/예산의 원자료는 후생성 「보조금 핸드북」 각 연도에 의한 것.

을 〈표 4〉에서도 추정할 수 있다.

이러한 헬퍼 상근비율의 극단적인 저하는 24시간 서비스체제를 구축하려는 단계에서는 특히 바람직한 것이 아니므로 빠른 시정이 요구된다.

셋째, 헬퍼뿐만이 아니라 우수한 인재를 다수 확보하기 위해서는 신분상의 안정적인 처우를 배려하는 것과 함께 임금 등의 근로조건 면에

표 5_ 홈헬퍼수당의 국고보조 기준액

(단위: 엔)

연도	월액단가		일액단가		시간급단가	
1985	116,830		4,900		610	
1986	123,540		5,200		650	
1987	126,380		5,320		670	
1988	128,230		5,380		670	
	개호중심	가사중심	개호중심	가사중심	개호중심	가사중심
1989	196,870	131,250	8,650	5,770	1,080	720
1990	203,000	135,330	8,920	5,950	1,120	740
1991	210,450	140,300	9,940	6,630	1,240	830
1992	265,210		10,320	6,880	1,290	860
1993	270,430		10,640	7,040	1,330	880
1994	275,620		10,880	7,200	1,360	900
1995	278,875		-	-	1,380	910

※ 비고: 1. 1989년도에서 1991년도까지는 소비세 납세의무자와 그렇지 않은 경우의 2종류이지만 본 표에서는 소비세를 고려하지 않은 수치를 들고 있다.
2. 1992년도부터 「상근직원(월액)」, 「비상근직원(일액)」, 「비상근직원(시간급)」이라고 표시했다. 그 이전은 「상근직원」의 표시는 없다.
3. 1992년도부터 「상근직원(월액)」의 단가에 대해서는 「신체개호 중심」, 「가사원조 중심」이라는 구별은 다시 없어졌다
4. 표에서 보이는 것 이외에 1989년부터 사업위탁 기준이 도입되었지만 여기에서는 생략하고 있다.
※ 자료: 사토미켄지 「10개년 전략」과 「노인보건복지계획」(『사회문제연구』1993년10월호)에 게재한 표에 최신 자료를 보충, 원자료는 「재가복지사업보조금의 국고보조에 대하여」(후생사무차관 통지)각 연도에서 산출, 작성.1995년도는 후생성 예산자료에 의함.

서도 필요한 배려가 요구된다. 예를 들어, 임금을 생각해 보면 홈헬퍼 수당의 국고보조기준액은 〈표 5〉와 같은 추세이다. 홈헬퍼의 수당에 대한 국고보조 기준액은 국가가 정한 헬퍼임금의 가이드라인이라고 생각하면 알기 쉽다. 국가는 그것을 기준으로 해서 그 2분의 1(1988년도까지는 3분의 1) 이내를 보조하는 것으로 되어 있다. 자치체가 그 기준액을 넘게

헬퍼 임금을 설정하는 것은 자유이지만 그에 해당하는 부분은 자치체의 전액 부담이 되기 때문에, 많은 자치체는 이 국고보조 기준액을 따를 뿐이다.

〈표 5〉에 의하면 홈헬퍼 수당의 국고보조 기준액은 서서히 개정이 진행되었다. 특히 1989년도에 신체개호 중심의 경우에 중점적인 단가 인상이 실시되었다. 그러나 앞에서 설명한 「홈헬프사업운영 해설서」에 의하면 "와상노인에 대한 홈헬프서비스의 실시 상황은 재가와상노인수의 8.8%에 지나지 않는 실태."(1991. 2. 전국 노인보건복지주관과장회의자료)이기 때문에, 이 신체개호 중심의 단가 인상이 헬퍼의 임금 인상에 어느 정도 효과가 있는지는 상당히 의문이다.

헬퍼수당의 실효성 있는 개정이 이루어진 것은 1992년도부터이다. 이때부터 상근직원(월액)의 단가는 개호중심·가사원조 중심의 구분을 다시 폐지하고 일본화—本化하여 동시에 크게 단가인상(월액: 26만 5,210엔, 연액: 약 318만 엔)을 하였다. 그것은 개호 중심의 단가와 비교하여도 26% 인상이고 개호 중심과 가사원조 중심의 단가 평균치와 비교하면 51.2%의 큰 인상이었다.

이 단가 설정에 있어서 후생성은 평균적인 헬퍼상을 "주 40시간 정도의 근무시간과 평균 근속년수가 약 8년인 상근홈헬퍼의 실태를 근거로 하여 이를 평균적인 홈헬퍼상으로 설정하였다."로 정했다. 헬퍼수당의 국고보조 기준액의 대폭적인 인상은 그 자체로서는 발전이다. 실정

전국 노인보건복지주관과장회의(1992. 3. 6)자료에 의함.

표 6_홈헬퍼 관계예산(일반회계)

연도	예산액(단위: 천 엔)	홈헬퍼수 (예산) (단위: 명)	헬퍼1인당 금액(단위: 엔)
1980	5,380,377	18,002	298,900(4.4)
1985	7,428,662	21,613	343,700(-3.0)
1986	8,109,314	23,555	344,300(0.2)
1987	8,635,552	25,305	341,300(-0.9)
1988	9,004,258	27,105	332,200(-2.7)
1989	17,982,212	31,405	572,600(72.4)
1990	20,578,603	35,905	573,100(0.1)
1991	25,298,986	40,905	618,500(7.9)
1992	28,817,120	46,405	621,000(0.4)
1993	33,585,469	52,405	640,900(3.2)
1994	38,838,051	59,005	658,200(2.7)
1995	54,690,518	92,482	591,400(-10.1)

※ 비고: 1. 이 예산은 1990년도까지는 「가사봉사원(등)파견사업비보조금」, 1991년도 이후는 「거택개호등사업비」로서 계산되어 있다.
2. 홈헬퍼수는 모두 예산상의 수치이다.
3. 1980년도의 홈헬퍼수에는 개호인(4,782명)을 포함
4. 예산액은 보정후 예산의 수치이다. 단 1995년도는 당초예산이다.
5. 예산액에는 홈헬퍼의 수당만이 아니고 그 밖에 강습회 비용도 포함되어 있다.
6. ( )안은 전년도 대비 신장률이다.
※ 자료: 사토미켄지, 「10개년 전략」과 「노인보건복지계획」(『사회문제연구』 1993년 10월호)에 게재한 표에 최신 자료를 보충, 원자료는 『후생성 보조금 핸드북』 각 연도에서 산출, 작성됨.

에 그만큼 가깝게 다가선 것은 확실하지만, 그래서 '주 40시간 정도의 근무시간과 평균 근속년수가 약 8년 정도인 상근헬퍼'의 고용이 가능한지 아닌지는 특히 도시부에서는 의문이다. 정규직원에 대해서는 사실상 여전히 고용이 불가능한 금액이다. 왜냐하면, 318만 엔이라는 금액은 보너스와 모든 수당을 합한 세금포함의 총액이고, 보너스를 연간 5개월 정도로 하고 월액을 계산해 보면, 월액 18만 7,208엔(모든 수당·세포함), 리

더 헬퍼의 가산(1992년도 63만 엔, 월액환산 3.7만 엔)을 더하여도 근속 8년 정도의 베테랑 헬퍼를 고용할 수 있는 수준과는 너무나 멀기 때문이다.

또한 헬퍼수당의 개선은 그 후에 물가상승분 정도의 아주 적은 것이기 때문에 실질적인 개선은 되어있지 않다. 1995년도 수당액은 월액 27만 8,875엔, 연액 334만 6,502엔으로 되어 있다.

또한 이러한 헬퍼수당의 일정한 개선에도 불구하고, 앞에서 본 상근비율의 저하가 여전히 진행되는 것은 〈표 6〉에서도 확인할 수가 있다. 〈표 6〉은 홈헬퍼 관계의 일반회계 예산액(주로 헬퍼수당의 국고보조기준액에 해당)과 홈헬퍼수를 대비하고 헬퍼 1인당 예산액을 산출하였지만, 그것에 의하면 1980년대 후반은 헬퍼수당의 개정에도 불구하고, 1인당 금액은 역으로 저하하는 경향이었다. 1989년도의 단가개정에서 1인당 금액도 크게 상승했지만, 그 이후는 물가상승분 정도의 미증에 지나지 않고, 1992년도의 단가가 크게 상승했음에도 불구하고 그 효과는 헬퍼 1인당 금액에는 거의 반영되지 않았다. 더구나 '신10개년 전략'의 처음 연도에 해당하는 1995년도에는 헬퍼수 · 헬퍼예산 모두 절대액으로는 크게 증가했지만, 헬퍼 1인당으로는 역으로 10% 이상이나 감소하였다. 이러한 사실은 상근비율의 저하가 한층 진행하는 것을 반영한 것이다.

새로운 발본적 정비계획 책정의 필요성

이상의 검토를 전제로 하여 신개호보장시스템을 실효성이 있는 것으로 하기 위해서는 국가 차원에서 '신10개년 전략'의 발본적인 개정판을 책정하는 것이 필요하지만 그 이상으로 중요한 것은, '노인보건복지계획'을 앞당겨 조기실현을 도모하는 것이다. 더욱이 그 정비 수준을 발본적으로 끌어올린 새로운 '지방노인보건복지계획'을 빨리 책정하고, 그것을 재정적으로 뒷받침하는 국가의 재원조치를 확보하면서 실현을 도모해 가는 것이다. 각 자치체는 각자의 실정에 맞게, 시민의 욕구를 기본으로 하여, 개호서비스 수준의 비약적인 향상을 도모하는 것은 아무리 강조하여도 지나치지 않다.

새롭게 책정된 '신10개년 전략'과 '신노인보건복지계획'은 단순히 의도적인 숫자 늘림의 나열이 아니고, 이번에야말로 진정한 '골드플랜'이 되지 않으면 안 된다. 그것이 실현되지 않는다면, 신개호보장시스템은 공비부담방식이든, 공적개호보험방식이든 그림의 떡에 지나지 않는 것이 된다. 다시 한 번 그 중요성을 강조해두고 싶다.

공비부담방식에 의한 신개호보장시스템의 구축

■ ■ ■

'자립지원'으로서의 신개호보장시스템

앞에서는 일본 개호정책의 기본적인 입장의 변천을 검증하고, 지금 요구되는 공적개호보장시스템의 기본적인 이념과 성격을 지적하고, 그것을 실현하기 위한 전제 조건으로서 개호서비스의 물적·인적 정비가 급선무임을 강조하여 그렇게 하기 위한 문제점과 과제를 제기하였다. 이를 근거로 하여 21세기를 지탱할 수 있는 공적개호보장시스템을 어떠한 제도로 구축해야 하는지에 대해서 후생성 등의 정부동향을 언급하고 해명하고자 한다. 또한 개호보험 구상에 대해서는 필요 불가결한 범위에 한해서 언급하지만, 그 내재적인 비판을 포함하여 상세한 비판은 제2부二木立稿에도 전개되므로 그것도 참조하기를 바란다(단, 이 부분은 본서에는 수록되어있지 않다).

이미 서술한 것처럼 신 개호보장시스템에 관해서 '21세기 복지비전', '국민 누구나 쉽게 필요한 개호서비스를 원활히 이용할 수 있는 시스템'으로 표현하고, '시스템연구회보고'도 '고령자의 자립지원'이라는 이념에 그것을 답습하고 있다. 노인보건복지심의회 '중간보고'는 이를 "개호를 필요로 하는 고령자 누구나가 쉽게, 언제든지 어디서든지 원활히 개호서비스를 이용할 수 있는 시스템"(p.10)이라고 표현하고 있다. 상이점은 '21세기 복지비전'과 '연구회보고'가 "국민 누구든지"라는 표현을 사용한 것과는 대조적으로 노인보건복지심의회의 중간보고는 "개호를 필요로 하는 고령자 누구든지"라고 명확하게 고령자에 한정하지만, 전자에도 고령자 개호의 문맥 중에서 '국민 누구든지'라고 한 것을 생각하면 양자 간에 기본적인 차이는 없고, 어느 쪽이든지 거의 같은 취지의 시스템을 목표로 한다고 생각하면 된다.

신개호보장시스템을 고령자에게 한정하는 것은 반대이지만, 그 점을 제외하고 상기의 보고 등이 말하는 것처럼, 개호서비스를 필요로 하는 사람이 '쉽게, 언제든지 어디서든지 원활히 개호서비스를 이용할 수 있는 시스템'을 만드는 것에는 크게 찬성한다. 그리고 그것을 '연구회보고'가 말하는 것처럼 '자립지원'을 이념으로서 제도화하는 것에도 대찬성이다. 게다가 본격적으로 이야기하자면 이 '자립지원'이 '가족개호지원'을 대신하는 새로운 이념으로 명확하게 자리매김 해야 한다. 오해하지 않기 위해 말한다면, 가족개호 그 자체를 부정하려는 것은 아니다. 요개호자와 개호자가 모두 진심으로 그것을 원하는 경우는 존중되어야 한다. 그러나 일본의 현실이 자주 보여주는 것처럼 가족개호가 암묵의 강조에 의해 이루어진다는 것은 피하지 않으면 안 된다. 그러한 경우에는 '자립지원'을 이념으로서 가족개호보다도 오히려 공적개호서비스의 이용으로 유도하는 정책적 자세가 필요하다. 그런 의미에서 필자는 '가족개호지원'에서 '자립지원'으로 본격적으로 전향해야 한다고 생각한다.

'연구회보고'는 '자립지원'을 제창하면서도 역시 거기까지는 명시적으로 본격화하지는 않았다. 그러나 '연구회보고'의 가족개호 평가는 상당히 소극적이었고 오히려 가족개호의 한계에 역점을 두어 언급하는 것처럼 보인다. 예를 들면, 개호퇴직의 문제성이나 "고령자의 생활의 질 QOL에 있어서 개선해야 할 부분도 가족만의 개호로는 한계가 있다."(p.247)라든가, 혹은 "사회 전체에서 본다면, 가족에 의한 개호는 전문직이 행하는 개호에 비교하여 효율적이라고는 할 수 없는 면이 있다."(상동)라는 것 등이다. 게다가 가족개호를 인정하면서도 "재가케어에 있어서 가족의 최대 역할은 고령자를 정신적으로 부양하는 것이고, 이를 위해 고령자와 가족 간에 양호한 인간관계를 유지하는 것은 당연히 필요하다. 가족의 심신이 개호로 피곤에 지쳐 있을 때 그것이 고령자에게 정신적인 부담이 되는 상황에서는 재가케어를 성립시키는 것이 곤란하다."(pp.254~255)라고 지적하고 있다. 따라서 명시적으로 상기와 같은 의미로 '가족개호지원'에서 '자립지원'으로 라는 서술은 하지 않았지만 사실상 거기에 가깝다고 생각해도 될 것이다.

그러나 노인보건복지심의회 '중간보고'에는 이러한 시각이 후퇴되는 것처럼 생각된다. '중간보고'에서도 "고령자개호에 있어서도 고령자 자신의 희망을 존중하고 그 사람 나름대로의 자립된 질 높은 생활을 할 수 있도록 사회적으로 지원해가는 것을 기본으로 하는 것이 중요하다."(p.10)라고 되어 있으므로 '자립지원'이라는 단어는 사용하지 않았지만, 그 취지는 계승되었다고 생각할 수 있다. 서두 부분에서 "고령자에게 가족의 존재는 중요하다."(p.11)라고 다시 확인하고, '개호서비스의 기반정비'의 항목에서는 "고령자개호에 있어서 가족의 존재와 '보살핌'이 중요하다는 것은 개호나 의료의 현장에서 잘 알려져 있다."(p.11)라고 서술하는 등 그 자체로서는 틀림이 없지만, 가족개호를 상대적으로 중시하는 듯한 어조이고, 이를 지원하기 위하여 개호보장을 구상하려는 것처럼 생각된다. 이에 대해 "개호보험의 역할은 가족개호지원"이고, 이는 곧 "개호보험의 역할이고 한계는 아닌가?"♣라고 지적하는 사람도 있다.

아무튼 '국민 누구나 쉽게 필요한 개호서비스를 원활히 이용할 수 있는 시스템' 구축이 현재의 긴급과제인 것에는 이론이 없고, 그것을 위해

♣ 「1995년도 사회복지 톱세미나」의 미야타케고우(宮武剛)(매일신문 논설위원)의 발언(『新·복지시스템 (월간복지 증간)』, 전국사회복지협의회, 1995. p.60).

상응하는 시스템의 빠른 실현이 요구된다. 이를 위해서 보편성, 권리성, 공평성, 선택성 등을 확보할 수 있는 시스템이 아니면 안 된다는 것은 이미 서술하였다. 문제는 그러한 것들을 어떤 운영·재정방식에 의해서 실현할 것인가에 있다. 이때 문제는 이러한 공적개호보장시스템을 사회보험(개호보험) 방식으로 구축하려는 방향을 기정 노선화하려는 것이다.

개호보험 구상의 대두와 그 논거

이미 서술한 것처럼, 개호보험방식에 관해서는 후생성 측에서 검토해왔던 것 같지만, 정부관계 기관이 공식적으로 이를 발표한 것은 사회보장제도심의회가 처음이었다. 이 심의회의 「사회보장 장래상위원회 제2차 보고」(1994. 9)는 사회보장 일반 재원에 대해서 "부담의 요구방법은 사회보험료, 조세 어느 경우든 공평하게 이루어지지 않으면 안 된다."(p.109), 혹은 "재원확보는 사회보험료에 의한 것인가, 일반재원에 의한 것인가를 적절히 선택하지 않으면 안 된다."(p.115) 등을 지적하고, 어느 것을 선택하는가에 대해서는 신중하게 유보하는 자세를 보이면서 '공적개호보장제도'에 대해서는 "당면의 기반 정비는 일반재원에 의존한다고 해도, 앞으로는 재원을 주로 보험료에 의존하는 공적 보험제도를 도입할 필요가 있다."라고 '공적개호보험제도'(pp.120~121)의 창설을 제창했다. 후생성도 고령자개호·자립지원 시스템연구회의 '신고령자 개호시스템의 구축을 목표로 하여'(1994. 12)를 공표함으로써 개호보험

구상을 제기하고, 다음해 2월부터 노인보건복지심의회에서 심의가 시작되었다.

그 후 1995년 7월 사제심社制審의 권고, '사회보장체제의 재구축'에서도 다시 개호보험방식이 제창되었다. 또한 '제2차 보고'가 사회보장 일반재원에 관해서 사회보험료인지 조세방식인지에 대한 판단을 유보한 것에 대하여, 이 「권고」에는 완전히 바뀌어 사회보장제도 일반재원에 관해서도, "사회보험은 (중략) 금후에도 일본 사회보장제도의 중핵으로서의 위치를 확립하지 않으면 안 된다. 따라서 증대하는 사회보장의 재원으로서는 사회보험료 부담이 중심이 되는 것은 당연하다."(p.22)로 서술함으로써 제2임조 이후의 노선을 답습하고 사회보험중심주의로 회귀해버렸다.

「권고」 뒤에 잇따라 공표된 노인보건복지심의회의 '신고령자개호시스템의 확립에 대하여(중간보고)'에서도 "신고령자개호시스템으로서 공적 책임에 입각하여, 적절한 공비부담을 포함한 사회보험방식에 의한 시스템에 관해서 구체적인 검토를 진행해가는 것이 적당하다."(p.14)라고 그 방향을 기본적으로 재확인했다.

이렇게 개호보험 구상은 신공적개호보장제도를 유지하는 것으로서 정부 측의 구상으로 되어 있었지만 여기까지 언급한 보고, 권고 등에는 개호보험의 구체적인 시스템에 관해서 너무나도 백지상태였다. 이러한 상태임에도 불구하고, 개호보험 구상은 구체성이 없는 채로 유포되어 호평을 얻었고, "보험 도입의 시비는 이미 쟁점이 아니며, 과제는 구체적인 제도설계"[*]로까지 언급되었는데, 이러한 분위기는 성격이 급하다는 것 이상으로 약간 정상이 아닌 상황이라고 말해야 했다. 본서의 서두에 서술한 것처럼, 1995년 9월 실시한 총리부 조사에서조차 개호보험 구상을 '모르는 사람'이 70.5%에 이르고 있기 때문이다. 또 노인보건복지심의회 '중간보고' 이후의 개호보험의 구체적인 모습이 서서히 분명하게 드러나고 있지만 '불안 없는 노후를 위한 복지혁명'[**]이 되어야 할 개호보험이 구체적 검토가 진행되면 될수록 제한적이고 빈약한 것이 되고 위험성이 염려되며 우려되는 상태였다. 이 점에 관해서는 후술하지만, 미리 개호보험 구상의 논거를 정리하고, 그것과 대비하여 공비부담방식의 우위성을 확인해두고 싶다.

'연구회보고'는 공적개호보장의 방식으로서 "조세를 기초로 한 공비방식, 현행의 의료보험제도와 노인보건제도 등을 활용한 방식, 새롭게 독립한 사회보험방식 등 다양한 방식을 취한다."(p.267)라고 선택지를 명시하고 "사회보험방식을 기초로 한 시스템이 가장 적절하다."(p.267)라고 하고 있다. 그 이유는 여러 가지를 들 수 있지만, 각종의 권고·보고 등을 정리하면 다음과 같다.

[*] 山崎泰彥, 「공적개호보험, 부담은 공평하게」, 『日本經濟新聞』 1995. 2. 15.
[**] 岡本祐三 감수, 「공적개호보험의 모든 것, 불안 없는 노후를 위한 복지혁명」, 아사히컬처센터, 1995.

개호의 리스크의 보편화와 보편적 보장(제2차 보고, 연구회보고, 권고, 중간보고)

오늘날에는 누구라도 요개호 상태가 될 수 있는 위험성이 있고, '리스크의 공동화'로서 사회보험방식에 익숙해 있다. 이러한 리스크의 보편화에 대해서 개호보험방식에 의해 개호서비스의 보편적인 보장이 가능하도록 한다. 즉 '국민 누구나 쉽게 필요한 서비스를 원활히 이용할 수 있는 시스템'('21세기 복지비전'·'연구회보고')이다.

선택성의 확보(제2차 보고, 연구회보고, 권고, 중간보고)

공비(조치)방식의 경우 행정청의 행정처분이 되고 "욕구나 소득 등의 심사에 의해 행정기관이 서비스이용을 결정한다."('연구회보고' p.268). 그러나 사회보험 방식에서는 계약방식이고, 이용자의 선택성이 높아지는 것이다.

권리성의 확보(제2차 보고, 연구회보고, 권고, 중간보고)

이 점에 대해서도 4가지의 '보고', '권고'에서 "보험료를 부담하면, 급여를 권리로서 받을 수 있다."('권고' p.34)와 공통된 인식이다. 이 인식은 역으로 말하자면 조치제도는 권리성을 확보할 수가 없다는 판단이 포함되어 있고, '연구회보고'는 조치제도에서, "이용자가 자신의 의사대로 서비스를 선택할 수 없는 것 외에도 소득심사나 가족관계 등의 조사를 받는다는 문제점이 있다. 피보험자는 서비스를 적극적으로 받을 권리가 있고 사회보험에 비하면 국민의 서비스수급에 관한 권리성에 대해 커다란 차이가 있다."(p.249)라고 서술한다.

여기에서 우선 주목해야 할 것은, 앞에서도 지적한 것처럼, 사제심이나 노건심, 시스템 연구회의 보고가 조치제도 비판과 비교하기는 하였지만 공적개호서비스에 권리성이 필요함을 분명히 인정하였다. 공적개호서비스가 권리로서 수급되는 것이 아니면 안 된다는 이러한 시각은 논리적으로 반드시 사회복지서비스 일반에 확장되어야 하고, 적어도 큰 전진이라고 생각된다. 또한 공비부담방식에서 이러한 권리성의 확보가 가능한지 여부에 관해서는 뒤에 검토하기로 한다.

재원조달의 용이함(제2차 보고, 연구회보고, 권고, 중간보고)

이 점에 대해서는 '제2차 보고', '권고' 는 "부담과 급여의 대응관계가 비교적 알기 쉽기 때문에 욕구의 증대에 대하여 서비스의 양적 확대와 질적 향상을 도모하는 것에 국민적 합의를 얻기 쉽다."('권고' p.34)라고 간접적으로 표현하였지만, '연구회보고' 와 '중간보고' 에는 "부담과 급여의 대응관계를 명확히 하고, 부담에 대한 국민의 이해를 얻기 쉽다." ('중간보고' p.14)라고 단적으로 지적한다. 다만 '권고' 는 사회보장 일반의 재원론에 대하여, "사회보험은 그 보험료의 부담이 전체적으로 급여와 연결되어 있기 때문에 그 부담에 관해서 국민의 동의를 얻기 쉽다." (p.22)라고 서술하였으므로, 같은 취지로 생각할 수 있다.

공평한 이용자 부담(제2차 보고, 연구회보고, 권고, 중간보고)

각 '보고', '권고'에서는 이용시설에 대해 이용자 부담의 불균형을 지적하고 있고, '연구회보고'는 한층 더 본격적으로 "이용자 부담 면에서는 공비 방식으로는 현행의 조치제도에 보이는 것처럼 소득에 비례한 부담(응능부담형의 비용징수 시스템)과는 대조적으로 사회보험방식에는 수익에 비례한 부담(응익부담)으로 한다.", "중간소득층에게는 과중한 부담이 될 우려가 있는 소득비례부담보다는 서비스의 수익에 비례한 수익비례부담을 기본으로 하는 것이 적당하다."(p.269)라고 되어 있다. '중간보고'도 거의 같은 취지로 "이용자 부담에 대해서 수익에 응한 적절한 수준의 부담으로 하고, 중간소득층 등에게 과중한 부담이 되지 않게 하는 것이 바람직하다."(p.12)라고 서술하고 있다.

서비스공급체제의 정비촉진(제2차 보고, 연구회보고, 권고)

이 점에 관해서 더욱 심도있게 서술한 것은 '연구회보고'이다. 연구회 보고에 의하면 조치제도는, "그 재원은 기본적으로 조세를 재원으로 하는 일반회계에 의존하고 있기 때문에 재정적인 지배가 강하기 일쑤이고, 결과로서 예산억제의 경향이 강하다."(p.249) 그러나 "사회보험방식에 기초를 둔 신개호시스템의 실현에 의해 서비스 공급체제가 급속도로 진전됨으로써 모든 고령자에게 서비스이용의 공평성이 확보되는 것이 기대된다."(p.158)라고 서술하고 있다.

기존의 관련제도와의 정합성

이 점은 정부관계의 '보고', '권고'에는 거의 언급하고 있지 않다. 다만, 노건심 '중간보고'는 "현재, 고령자 개호서비스는 복지(공비방식)와 의료(사회보험방식)가 각기 다른 제도에서 제공되고 있지만, 이러한 상황을 기본적으로 개선하여 (중략) 동일한 재정방식으로 종합적·전체적인 개호서비스를 제공하는 신고령자개호시스템을 창설하는 것이 필요하다."(p.13)라고 서술하고 있는데, 그 '동일한 재정방식'이 사회보험방식이 아니면 안 되는 근거에 대해서는 밝히지 않았다. 이렇게 정부관계의 '보고', '권고'에는 명시하지 않았지만, 개호보험론자들 사이에서는 유력한 논거의 하나로 되어 있는 것 같으므로 여기서 거론해 둘 필요가 있다.

예를 들면, 오카모토유우조는 "이론적으로 말하자면, 북유럽에서 행해지는 것처럼 모든 경비를 공비(조세)에서 조달하고, 서비스도 대부분 지방자치체 직영으로 급여하는 방식이 제일 명쾌하고 알기 쉽다."라고 인정하면서 "북유럽에는 이미 연금과 의료를 모두 조세로 조달하고, 복지도 단일(일본과 비교할 수 없을 만큼 거대함) 재원의 배분으로서 행해지는데, 한편 일본은 연금이나 의료 모두 사회보험방식으로 운영하고 있고 그대로 이미 40년 가깝게 경과한 것도 유의해야 할 점이다. 이 점은 이제는 변경하기 곤란한 현실로서 인정할 수밖에 없다. 요컨대 일본에 있어서 현실 가능성이 있는 방식이라는 것이 중요하다."라고 서술하

岡本祐三「개호보험 구상」(大阪市政調査會, 『市政研究』 제107호, 1995. 4), pp.39-40.

고 있다. 결국, 관련된 의료보험제도 등을 사회보험방식으로 운영하게 된 가장 큰 이유가 된다. 마루오나오미丸尾直美도 시각은 약간 다르지만, 일본에서는 의료보장이 의료보험제도로 이루어지고 있기 때문에 개호보장도 그것과의 정합성에 따라 보험방식으로 하는 것은 어떻게 할 수 없다고 하고 있다.&

주로 정부기관의 심의회·연구회의 견해를 중심으로 하여 이상에서 개호보험방식 도입의 논거를 소개했다. 앞서 보았듯이, 종종 현행의 조치제도의 결함을 강조하고, 그것과의 비교로 개호보험방식의 우위성을 주장하는 구조로 되어 있다. 그러나 타카끼이꾸로우高木郁郎가 지적한 것처럼 "현재의 조치제도 등 공비로 부담하는 실정에 대한 비판을 전제로 하고, 보험의 장점이 강조된 경우가 있지만 이는 당연히 위험하다. (중략) 이상적인 개호보험의 그림을 백지에 그려 놓고, 한편으로 개혁이 안 된 현재의 공적인 제도와 비교하여, 개호보험 쪽이 우수하다고 한 들 문제가 해결되지는 않는다. 현재의 공비부담의 운영조건과 운영상황을 개혁할 수 있는 가능성도 있다."&&는 것이므로 공비부담방식을 현행의 결함 있는 조치제도와 동일시하고, 한편에서 이상적인 개호보험 구상을 대조시켜 우위성을 설명하는 것은 공평한 논의라고 할 수 없다.&&& 게

& 丸尾直美, 「개호보험의 제방식」(『週刊 社會保障』 1995. 6. 19), p.46; 「개호서비스와 개호보험의 검토」(『社會保障旬報』 제1887호, 1995. 9. 21), p.14.

&& 高木郁郎, 「개호보험을 둘러싸고」(『地方政治』 1995. 6), p.51.

&&& 이 점에 관해서는 개호보험 논자들 중에도 냉정하게 관찰하여 예리한 논의를 하는 사람들은 솔직하게 인정하고 있다. 마루오나오미의 「개호서비스와 개호보험의 검토」(전게서, p.13)와 이케다쇼우조(池田省三)의 「개호보장시스템과 비용부담」(『자치노통신』 제618호, 1995. 7. p.21) 등을 참조하시오.

다가 상세하게 검토하면 바로 분명히 알 수 있듯이 위의 논의는 고작 그 정도이고, 공적개호보장의 방식으로서 개호보험방식도 검토할 가치가 있다(개호보험방식이어도 좋다)는 논거(특히 선택성의 확보, 공평한 이용자 부담)이지만, 개호보험방식이 아니면 안 된다는 논거라고는 할 수 없고, 그 밖에는 오히려 개호보험방식보다도 공비부담방식 쪽이 제도적으로 뛰어나다고 할 수 있다. 다음에는 개호보험방식의 우위성의 논거인 상기의 논점을 공비부담방식과 대비하면서 검증하고, 공적개호보장제도의 이념에 상응하는 방식을 생각해보고 싶다.

개호보험은 보편적인가?

'개호의 리스크의 보편화'는 확실한 사실이고, 그렇기 때문에 개호의 공적보장이 필요하게 되었다. 그것이 사회보험방식의 적용을 가능하게 하는 조건인 것도 사실이다. 그러나 '리스크의 공동화'는 사회보험만으로는 가능한 것이 아니고, 공비부담방식 또한 그것을 가능하게 하는 것이라 생각하면, '개호의 리스크의 보편화'라든가 '리스크의 공동화'는 개호보험방식이 아니면 안 된다는 논거로 볼 수 없다.

게다가 큰 문제는 '리스크의 공동화' 혹은 개호서비스의 보편적 보장이라 해도, 개호보험방식의 경우는 그 보편성이 아주 제한적일 수밖에 없다는 것이다. 잘 알려진 것처럼 사회보험방식은 모든 요개호자에게 서비스하는 것이 아니고, 보험료부담(갹출)을 조건으로 서비스 등을 급여하는 제도이며, 보험가입자(보험료를 지불한 사람)에게만 서비스가 돌아가는 제도이다. 다른 말로 하면, 돈(보험료)을 지불하지 않은 사람은 배제한다는 점에 보험 방식의 원리적인 특징이 있다. 나는 이것을 보험 방식의 고유한 특징의 하나로서 '배제원리' 라고 이름 붙이고 있지만, 사회보험도 '보험' 인 이상에는 이 배제원리를 함께 하지 않을 수 없고, 공적개호보험도 예외는 아니다. 보험료의 부담을 조건으로 하는 한, 그 보험료를 낼 수 없는 계층이 반드시 발생하고, 그러한 사람을 개호보험시스템은 배제하지 않을 수 없기 때문이다.

이러한 사회보험방식이 말하는 보편성은 가입자에 한정된 제한적 '보편성' 이고, 개호를 필요로 하는 모든 사람에게 서비스 한다는 포괄적인 진정한 보편성은 아니다. 경제사회의 발전단계가 아직 미성숙한 이른바 저개발단계라면, 이러한 제한적인 '보편성' 을 그런대로 이해할 수 있을지도 모른다. 그러나 불충분하지만 그런대로 성숙사회에 도달한 일본 사회의 보편성이 이렇게 제한적으로 머물러 있어도 괜찮은 것일까?

사회보험방식은 이렇게 반드시 보험료를 낼 수 없는 계층을 만들어내고, 그러한 계층을 보장 범위에서 탈락시키지 않으면 안 되는 한계가 있지만, 그것에 대비한 대책으로서 보험료의 납부 면제제도를 생각한다든지, 혹은 공적부조제도로 대응하는 것도 생각할 수 있다. 사실 개호보험론자 중에는 보험료를 지불하지 않는 계층에 대한 대책으로서 주장하는 사람도 있다. 분명히 보험료의 면제제도나 공적 부조제도에 의한 대응이 개호보험에서 탈락자의 일정 부분을 구제하는 것은 사실이다. 그러나 그렇다 해도 모든 계층을 감당하는 것은 불가능하고, 역시 탈락층을 만들지 않을 수 없다. 왜냐하면 보험료 면제제도의 경우 국민연금 면제제도가 단적으로 보여주는 것처럼, 어떠한 면제 기준을 설정하여, 그 기준을 통과한 경우에 보험료의 납부가 면제되지만, 저소득층 가운데는 그 기준을 통과할 수 없기 때문에 면제제도가 적용되지 않고, 그렇다고 해서 보험료를 부담할 수도 없는 보더라인(borderline: 정해진 기준에 적용되지 않아 면제받을 수도 없고 경제적인 곤란으로 보험료를 지불하기 어려운 저소득자: 역자주)층을 필연적으로 만들지 않을 수 없다. 이 보더라인 계층은 면제가 적용되지 않는 경우에는 체납될 수밖에 없고, 개호보험으로부터 탈락하지 않을 수 없다.

보험료를 낼 수 없는 계층을 공적 부조제도로 감당하는 경우에도 사정은 같다. 공적부조제도로 감당하기 위해서는 이를 위한 일정의 기준을 꼭 필요로 하고, 그 기준을 통과하지 못하는 경우는 공적 부조의 보호 밖으로 방치하기 때문이다. 게다가, 가령 공적부조로 서비스가 해결된 경우에도 개호보험과 공적부조의 제도가 이중화되므로 바람직한 방법이라 하기는 곤란하다.

따라서 보험료 면제제도 혹은 공적부조제도의 시스템은 개호보험 방식의 제한적 '보편성'이라는 한계성을 근본적으로 해결하는 것이 아니고, 반대로 그 한계성을 부각시키는 것이라고 말할 수 있다.

이런 점이 개호보험 방식의 최대 약점의 하나임은 매우 잘 알려져 있다. 이 약점을 해소하기 위해서는, 보험방식을 포기하든가 혹은 보험방식의 수정(면제제도 등)에 의해서도 서비스 할 수 없는 계층을 무시할 수밖에 없다. 고령자개호 · 자립지원시스템연구회의 좌장이었던 오모리와 타루大森彌(동경대학 교육학부교수)는 "부담없이 권리만을 주장하는 사람을 구제할 필요가 있는가, 아닌가?"▲라고 서술하고, 보험료 미납층은 상관하지 않겠다는 것을 시사하고 있다. 그러나 여기서는 일종의 논점의 각도가 다르게 설정되어 있다. 결국, 보험료를 낼 수 없는 계층을 의도적으로 내지 않는 계층이라 간주하고 있고, 게다가 그들 계층을 상대하지 않는 것을 시사하기 때문이다. 개호보험방식에 의한 제한적 '보편성'을 정당화하기 위하여 보험료 미납층을 의도적인 확신범으로 간주하고, 따라서 상대하지 않는 것을 당연시하는 것이 필요할지도 모르겠다. 그러나 분명히 보험료를 의도적으로 내지 않는 사람이 일부 존재하는 것은 사실이지만, 대부분은 낼 수 없는 저소득층이고, 이를 무시하여 상대하지 않으려는 생각은 위험한 발상이라 하지 않을 수 없다.

선택성은 개호보험의 전매특허인가?

선택성도 반드시 개호보험방식의 전매특허는 아니다. 이용자가 서비스의 선택이 가능한가 아닌가는, 공비부담방식인가 개호보험방식인가에 의해 좌우되는 것이 아니라, 근본적으로 서비스의 공급량이 충분한가 아닌가에 관련되기 때문이다. 서비스 양이 충분하다면 공비부담방식에도 선택성의 확보는 충분히 가능하다는 것은 대장성주계국 후

▲ 大森彌, 「신개호시스템과 자치체」(인터뷰), 『월간자치연』 제432호, 1995. 9, p.23.

생담당주사인 무카이하루키向井治紀도, "전액 공비부담의 경우에도 조치제도를 그만 두고 계약방식을 도입하는 방법도 생각할 수 있기 때문에, 일방적으로 보험방식을 강조하는 것은 논리적이 아니다."[*]라고 지적하고 있다. 게다가 현행 조치제도의 경우에도, 예를 들면 어린이집의 경우, 지역적 편재에 의한 부족과 유아보육의 미정비 등 현재 남아있는 과제는 별도로 하더라도, 입소 신청 시에 거의 모든 시정촌에서 희망하는 어린이집을 기입하고, 거의 그곳에 입소되는 경우가 많은 것이 현실이다. 사실상 선택성이 확보된 예라고 할 수 있다.[**] 이렇게 서비스 공급량이 충분하다면 현행 조치제도에서도 사실상 선택성의 확보는 가능하다. 하물며 개혁된 공비부담방식이라면 분명 한층 더 그러하다. 역으로 말하자면 보험방식에 있어서도 서비스 양이 부족하면, 선택성을 확보할 수 없기 때문이다. 따라서 선택성에 대해서는 공비부담방식이나 개호보험방식도 기본적으로는 같다고 말할 수 있다.

공비부담방식에 의한 권리성 확보

권리성 | 리스크의 보편화에서 서술한 점이 여기에서도 마찬가지로 해당된다. 개호보험이 보장하는 권리성이라는 것은, 돈(보험료)을 지불한 사람만이 적용되는 극히 제한된 '권리성'이다. 이러한 사고방식

[*] 일본의료기획, 『월간ばんぶう』(1995. 10, p.26)에서도 "무카이하루키는 여기에 계속해서 보험방식 쪽이 현실적인 것이다."라고 서술하고 있다.
[**] 田村和之, 「보육제도 개혁과 조치제도의 재편성」(『社會福祉研究』 제64호, 1995. 10), p.81.

의 특징은 『베버리지보고』에서, 사회보험은 갹출과 교환하는 (중략) 급여를 권리로써 또한 자력조사 없이 제공해주는 것[1]이라 단적으로 표현하고 있다. 즉 갹출을 조건으로 하는 권리로서 급여된다는 것은, 쉽게 말하면 돈(보험료)을 지불했으니까 권리가 있다는 것과 똑같고, 정말로 자본주의 상품경제의 계약원리를 기반으로 하는 권리성[2]이다. 그렇기 때문에 베버리지는 국가부조에 관해서, "부조는 보험급여에 비해 무엇인가 바람직하지 않은 느낌을 갖지 않으면 안 된다. 그렇지 않으면 피보험자는 보험료를 지불하고도 왠지 이익이 없는 것이 된다."라고 서술하였다.[3] 이렇게 사회보험방식은 분명히 상품경제적인 권리성을 보장하지만 그 이면에는 "돈(보험료)을 지불하지 않은 사람"에게는 "무엇인가 바람직하지 않은 느낌을 준다." 결국 스티그마(치욕의 낙인)를 느끼게 하는 것을 포함한다. 21세기를 전망하는 새로운 사회보장의 이념인 권리성이 이렇게 구태의연해도 좋다고 할 수 있는가?

21세기 사회보장의 이념을 구축하는 데 있어서 문제시 하지 않으면 안 되는 것은, 정말로 이러한 권리성의 내용이다. 앞에서 지적한 것처럼 정부 측은 개호 보험을 정당화하는 이유의 하나로서 '권리성'을 내세우고 있는데 이전에는 '권리'라는 단어를 거의 쓰지 않았던 것과 비교하면 커다란 전진이라 하지 않을 수 없다. 그러나 그 권리성의 내용이 문제이다. 경제사회의 발전단계가 아직 미숙하고 전체적으로 빈곤한 저개발단

[1] 베버리지보고,「사회보험 및 관련 서비스」, 1942(일본어역, 지성당, 1969) p.6.
[2] 武田文祥,「자유사회와 사회보장」(동경대학,『사회과학연구』제34권 제5호, 1983. 2), p.146.
[3] 『베버리지보고』(전게), p.218.

계라면 몰라도 어쨌든 성숙사회에 도달하려는 선진국인 일본에서 언제까지 제한적인 '권리성'을 보험가입자에게만 한정하는(따라서 비가입자는 배제하는) 저개발단계의 이념을 계속해서 정당화하지 않으면 안되는 것인가?

이러한 개호보험방식에 의해 보장되는 '권리성'은 제한적인 것뿐만 아니라, 보험료를 지불할 수 없는 저소득계층 등은 사회보험의 배제원리의 결과로 인해 무권리인 채로 방치된다. 이에 상대적으로 공비부담방식은 예외 없이 모든 시민에게 권리로서 개호서비스를 제공하는 것이 가능하고, 이 점에서도 공비부담방식이 더 낫다고 할 수 있다. 개호보험론자는 역으로 현행조치제도를 '행정처분'이라 하고, 그것에 의한 복지서비스의 수급은 권리가 아니라 행정처분의 결과로서의 '반사적 이익'에 지나지 않는다고 보고 있다. 그러나 이미 서술한 것처럼 현행 조치제도가 '반사적 이익'으로 할 수밖에 없다면 그것은 현행제도의 결함이고, 공비부담방식이 필연적으로 '반사적 이익'으로 할 수밖에 없다는 의미는 아니다. 그것은 같은 공비부담방식으로 실시하는 의무교육의 권리성을 생각해보면 분명하다. 의무교육의 경우 조세부담액의 다소라든가 유무에 관계없이 그것이 권리인지에 관해서는 논의의 여지가 없을 것이다. 결국 공비부담방식으로 권리성을 확보하는 것은 충분히 가능하고, 사회보험방식과는 달리 모든 시민에게 그것을 보장하는 것이 가능하다.

세금에 의한 공평한 재원조달: 보험료는 '숨겨진 다른 모습의 세금'

재원조달 | 사회보험은 부담과 수익의 대응관계가 명확하기 때문에, 비용부담에 합의를 얻기 쉽다고 말한다. 조세보다도 사회보험료로 재원조달의 중점을 돌리지 않으면 안 된다는 것은 이른바 제2임조第二臨調 이후 보수파의 전통적인 주장이고, 그것을 기본으로 하여 상대적으로 조세보다도 사회보험료 부담이 상승하여 오늘날에 이른다는 것은 이미 알려져 있는 사실이다. 이러한 사고방식에 대해서는 별고(「국민부담률의 허상과 실상」, 「연금제도의 장래와 재원정책」, 「사회보장과 국민부담률」)에서 비판적으로 검토하였으므로 그것을 참조하기를 바란다. 개호보험론자에 의해 새삼스레 똑같은 주장이 반복되는 데에 문제의 심각성이 있다.

사회보험에 있어서 부담과 수익의 대응관계에는 2가지 의미가 있다. 하나는 부담의 정도가 수익의 정도에 반영된다는 의미이다. 이러한 예는 소득비례형의 공적연금제도 등을 들 수 있다. 그러나 현물급여형의 의료보험제도(현금급여 부분을 제외)에는 이러한 의미의 대응관계가 존재하지 않는다. 결국 다액의 보험료를 지불했으므로 다량의 서비스가 급여되는 것은 아니다. 같은 질병에 대해서 같은 서비스를 급여하는 것이다. 개호보험도 성격은 의료보험과 비슷하기 때문에 '부담의 정도가 수익의 정도를 반영한다'는 의미의 '부담과 수익의 대응원리'는 존재하

<hr>

사토미켄지. 「국민부담률의 허상과 실상」(『賃金と 社會保障』 제1035호, 1990. 6); 「연금제도의 장래와 재원정책 - 재정제약론에서의 탈각을 목표로」(『社會問題硏究』 제43권 제2호, 1994. 3); 「사회보장과 국민부담률 - 국민부담의 증대억제론의 유도성과 조작성」(『社會問題硏究』 제44권 제1호, 1994. 12) 참조.

지 않는다.🌿

또 다른 의미는 '부담없는 수익은 배제한다' 는 배제원리의 의미이다. 이는 '부담과 수익의 대응원리' 가 분명히 존재한다는 의미이다. 그것이 야말로 보험의 특질이기 때문이다. 다만, 이러한 패널티적인 배제원리는 보편성과 권리성을 저해하는 것이고, 사회보험의 장점이라기보다는 역으로 문제점이라고 해야 한다. 가령 그 점은 제외하더라도 배제원리가 재원조달을 쉽게 할 수 있다고 생각한다면, 그것은 배제되는 것을 염려하여 보험료 납부를 강요하는 것이고, 그 정도의 심리적 강제력이 있다면 조세의 경우도 의도적인 탈세에 패널티를 부과하는 점에서 납세를 심리적으로 강압하는 것과 큰 차이는 없다.

본래 이 문제는 처음부터 사회보험의 배제원리가 보편성이라든가 권리성의 관점에서 큰 문제가 있는 이상에는, 가령 재원조달상의 우위성이 있다고 해도 사회보험방식의 선택에는 신중성을 두지 않으면 안 된다. 그것에 더하여 사회보험방식이 재원조달에 용이하다는 주장은 '부담의 정도에 상응하는 수익' 이라는 사실상 존재하지 않는 대응관계를 마치 존재하는 것처럼 착각하게 하면서 배제원리에 의한 납부강제를 근거로 하고 있고, 조세의 납세의무와 그 심리적 강제성은 큰 차이가 없다. 특히 재원조달상의 우위에 있다고는 말할 수 없으므로 이 점에서도 공비부담방식이 우월하다고 할 수 있다. 이미 서술한 것처럼 사회의 발전

🌿이케다쇼우죠는 그것을 솔직하게 환상이라고 인정하고 있다.(전게 「개호보장시스템과 비용부담」, p.21; 「성숙사회를 향한 사회보장정책의 논점」, 『소시우스』 Ⅱ ,1994. 10, p.62. 참조)

단계가 낮은 단계에서는 이러한 사회보험의 배제원리에 의해 재원조달을 하는 것이 어쩔 수 없다고 할지도 모르겠지만, 성숙사회에 도달한 단계에서 배제원리를 제일 원리로 해서는 안 된다.

이상의 검토에서 밝혀진 것처럼 사회보험료가 오늘날에는 '세금'의 얼굴을 하지 않지만, 사실상 '숨겨진 세금'이다. 그 의미에서 재원조달 상에는 공비부담방식과 사회보험방식이 근접한 성격이지만 그렇다고 해서 어느 쪽이라도 좋다고는 할 수 없다. 왜냐하면 사회보험료는 사실상 '숨겨진 세금'이라고는 하지만 저소득자의 부담이 무거운 역진성이 강하기 때문이다. 예를 들면, 사회보험료는 국민연금 보험료처럼 정액방식인 경우에는 분명히 역진성이 있기 때문이다. 후생연금과 건강보험의 보험료처럼 소득(표준보수) 비례적인 보험료의 경우에도 보험료 징수의 상한(후생연금의 경우는 59만 엔, 건강보험의 경우는 98만 엔)이 있기 때문에 그 이상의 소득자는 오히려 부담이 경감되는 역진성이 작용한다. 조세의 경우에는 누진형의 종합소득세와 법인세에 재원을 요구하는 등, 역진성이 발생하지 않도록 방법을 연구하는 것이 가능하다. 소비세조차도 사회보험료에 비하면 부과상한이 없다는 의미에서 사회보험료보다는 낫다고 할 수 있다. 따라서 재원조달과 공평성 확보의 관점에서도 공비부담 방식의 우위성은 분명하다. 그리고 재원조달에 관해서는 뒤에 상세히 서술하고자 한다.

공비부담방식에 의한 저액균일제의 이용자 부담

이용자 부담 │ 공비부담방식의 경우에 중간층에 과중한 소득비례부담(응능부담)이 된다는 주장에도 근거는 없다. 분명히 현행 사회복지서비스의 이용자 부담(비용징수)은 이용자 및 그 부양의무자의 소득에 비례하여 이용자 부담액이 증가하는 소득비례부담형이지만 같은 서비스를 받으면서 그 요금(이용자부담액)이 본인 및 부양의무자의 소득에 따라 달라지는 현행의 방식이야말로 필자가 다년에 걸쳐 주장해온 것처럼 이상하므로, 공비부담방식의 경우에는 이러한 이상한 이용자부담 방식으로 꼭 해야만 한다고 말하는 것은 아니다.[*] 예를 들면, 국공립고등학교와 국공립대학의 수업료를 생각해보면 분명해진다. 국공립고등학교 · 대학교는 기본적으로 공비에서 조달하고, 수업료는 이른바 이용자부담으로 충당하지만 본인 또는 그 출신세대의 소득에 따라 다르지 않다. 동일 서비스에는 동일 요금이라는 보통의 원칙을 기본으로 하는 균일액의 수업료를 부과하고, 저소득세대에는 본인의 신청에 의하여 감면제가 있는 단순한 구성이다. 이러한 공비부담방식에 있어서도 오히려 동일 서비스에 대한 동일 요금이라는 부담방식이 일반적이고, 사회복지서비스에 있어서 소득비례부담(응능부담) 방식이 특수한 것은 충분히 이해할 수 있을 것이다.

사회복지서비스의 이러한 소득비례부담형의 이용자 부담 방식은 그

---

[*] 里見賢治, 「사회복지정책의 동향과 과제」(일본사회복지학회, 『社會福祉學』 제28-2호, 1987. 6); 里見賢治(공저), 『福祉財政論』(ミネルヴァ書房, 1989), pp.327-330. 참조.

것에 필요한 경비(조치비)의 전액 이용자부담을 원칙으로 하고 있기 때문에 필연적으로 발생한다. 왜냐하면 사회복지서비스의 경우 시설규모 등에 따라서 다르기는 하지만, 예를 들어 어린이집 아동 1인당 조치비(기본분 보육단가)는 4세 이상 유아일 경우에도 2만 4,850엔~5만 2,650엔(갑지역), 특별양호노인홈에서는 입소자 1인당 조치비는 20만 6,160엔~26만 7,360엔(갑지역)의 고액(어느 쪽이든 1995년도)이고 이것을 전액 이용자에게 부담시키면 부담할 수 없는 계층이 속출하므로 부담능력에 따라 단계적으로 감면한다고 설명되어 있기 때문이다. 단계적 감면제를 선택하지 않고, 조치비 전액 이용자 부담원칙을 관철하는 결과의 하나로서 동일서비스를 받으면서 소득에 따라 요금이 달라지는 불합리한 것이지만, 이 방식의 근본적인 결함은 처음 출발점인 조치비 전액 이용자부담원칙에 있다.

교육에 관해서 생각하면 분명하듯이, 국공립의 고등학교·대학교는 전액 이용자부담이 아니고 공비부담을 원칙으로 하면서 경비의 일부를 이용자 부담의 수업료로 징수하고 있기 때문이다. 이렇듯 교육에 있어서 공비부담원칙이 확립된 것은 교육의 공공성이 널리 승인되었기 때문이다. 사회복지서비스 또한 인간에게 상응하는 생활을 위한 필수적인 서비스이고, 권리로서 보장해야 하는 것이며, 공공서비스로서의 성격을 지닌다. 사회복지서비스의 전액 이용자부담 원칙은 이러한 공공성을

사회복지의 공공성에 대해서는 里見賢治 「사회복지의 공공성과 효율성」(동경시정조사회, 『도시문제』 제80권 제12호, 1989. 12)을 참조.

인정하지 않고, 기본적으로 개호나 보육 등을 사사롭게 여긴다고밖에 생각할 수 없다. 후생성 관계자를 포함하여 개호보험론자도 개호서비스 수급의 권리성 등을 승인하는 오늘날, 사회복지서비스를 사사로운 것으로 간주하고, 전액 이용자부담을 원칙으로 하는 사고방식은 분명히 시대에 뒤떨어진 것이다. 후생성 관계자가 현행 사회복지서비스의 이용자부담의 불합리성을 인정한 것은 이러한 의미에서 발전한 것이다.

따라서 공비부담방식이라고 해서 반드시 소득비례부담형이 아니므로 사회복지서비스의 이용자부담시스템을 현행의 전액 이용자부담원칙·단계적 감면제에서 저액 균일요금제로 빨리 개선해야 한다.

또한 전액 이용자부담원칙·단계적 감면제라는 의미의 소득비례부담이 아니고, 부담능력에 의하여 부담하는 것이 당연하지 않는가? 라는 단순한 의미의 소득비례부담원칙을 주장하는 경우가 있지만, 이에 관해서는 세제稅制의 수준에서 조정해야지, 요금 수준에서 소득비례부담을 요구할 것은 아니다. 역시 '동일 서비스에 대해서는 동일 요금'이 자연스럽기 때문이다.

개호보험방식은 서비스의 공급체제를 촉진하는가?

서비스공급체제의 촉진 | 사회보험방식은 지불의 확실성이 있기 때문에, 그것을 계산하여 서비스 공급자가 적극적으로 참여하여 서비스 공급체제가 급속하게 촉진된다고 한다. 그

예로서 전국민보험체제 발족(1961. 4) 이후에 의료시설의 급속한 정비를 드는 경우가 많다. 그러나 이러한 설명은 상당한 의문점이 있다. 분명한 것은 이른바 전국민보험체제의 성립 이후 상대적으로 의료시설의 정비가 발전한 것은 사실이지만, 자세한 통계를 검증해 보면, 〈표 7〉에서 볼 수 있듯이 개호보험론자가 말하는 정도의 극적 변화가 아님을 알 수 있다. 실제는 보험에 의한 지불의 확실성만으로 의료시설을 간단히 증가시킬 정도로 단순하지 않다. 의사, 치과의사, 간호사를 비롯하여 의료관계 스태프의 양성이 없다면 불가능하다. 엄격한 자격제도를 확립한 의료계에 있어서 공급체제의 정비는, 우선 의과대학·의학부 등의 확장으로부터 시작하지만, 의료에 대한 높은 욕구에 대응하기 위해 국가정책으로 실시하던 것이고, 보험제도가 촉진시켰다고 할 정도로 단순하지 않다. 그리고 꾸준히 높아지는 의료 욕구는 경제사회 발전에서 얻은 결과이지, 단순히 보험제도 탓은 아니다.

한층 더 심도 있게 말하자면 지불의 확실성은 공비부담방식의 경우에도 가능하고, 개호욕구가 우선 적산되고, 그것을 조달하는 재원이 우선적으로 확보되는 개호보장 목적세·개호보장 특별감정방식의 재정방식이 선택된다면, 사회보험과 같은 효과가 있다. 니키류二木立씨가 지적한 것처럼 최근의 경험으로는 사회보험방식의 재원조달이 용이하다고 할 수 없다. 국민의료비의 증가와 노인복지비의 그것을 비교하면 최근에는 후자가 증가하였고, 분명히 '비용부담방식보다는 정책의 우선도에

표 7_병상수, 의사수, 간호사수와 평균 증가율, 추이

년도	병상수	병원일반병상수	의사수	간호사수
1953	481,386	165,199	89,885	112,002
1955	626,716(14.1)	198,983(9.7)	94,563(2.6)	129,860(7.7)
1960	852,025(6.3)	302,495(8.7)	103,131(1.7)	185,592(7.4)
1965	1,077,971(4.8)	442,536(7.9)	109,369(1.2)	245,211(5.7)
1970	1,312,628(4.0)	601,978(6.3)	118,990(1.7)	273,572(2.2)
1975	1,428,482(1.7)	721,858(3.7)	132,479(2.2)	361,604(5.7)
1980	1,607,482(2.4)	895,494(4.4)	156,235(3.4)	487,169(6.1)
1986	1,816,194(2.1)	1,117,700(3.8)	191,346(3.4)	639,936(4.7)
1990	1,949,493(1.8)	1,253,909(2.9)	211,797(2.6)	745,301(3.9)
1992	1,957,548(0.2)	1,264,719(0.4)	219,704(1.8)	795,810(3.3)

※ 비고: 1. ( )안은 표시된 사이의 연평균 증가율이다. 예를 들면 1986년의 수치는 1980년 이후 6년간의 연평균 증가
율을 나타낸다.
2. 1982년 이후, 의사·간호사수는 격년 조사이기 때문에 1985년은 없고 1986년의 수치이다.
3. 간호사수에는 준간호사를 포함한다.
※ 자료: 『國民衛生の動向』(『厚生の指標』臨時增刊) 1995년판 등에 의함.

의해 규정된다' 는 것이 드러나기 때문이다.

또한 오카모토유우조는 단순히 양적인 공급체제의 정비뿐만이 아니
고, 전국민보험제도의 발전과정에서 무의지구無醫地區 해소와 국보직영
의 진료소 및 병원이 급속하게 보급된 역사를 들고 있다. 그러나 그
것이 사실이라고 해도 주로 그것은 지방도시와 농촌지구에 해당하는 사
실이고, 그런 지역에는 전국민보험체제(1961) 이전에 이미 국민건강보험
사업이 실시된 예가 많기(늦어진 것은 오히려 대도시이다) 때문에 보험

二本立,「공적개호보험일변도의 논의에 이의 있다」(상)(『社會保險 旬報』 제1867호, 1995. 3. 11), p.9.
岡本祐三,「개호보험구상」(전게), p.41.

이 그 급속한 정비의 원인이라는 것은 무리가 있다.

또 '연구회보고'는 조치제도의 "재원은 기본적으로 조세를 재원으로 하는 일반회계에 의존하고 있기 때문에 재정적인 통제가 강하기 쉽다. 결과적으로 예산증가가 억제되는 경향이 강하다."(p.249)라고 서술하고 공급체제 정비가 진행되지 않는 것을 조치제도의 탓인 것처럼 하지만, 오히려 필요한 재원을 배분하지 않았던 종래의 정책빈곤의 탓이라고 해야 한다.

의료보험과의 정합성은 불가결한가?

기존의 관련 제도와의 정합성 | 이 논거는 일본의 의료보장제도가 사회보험방식으로 운영되고, 개호보장제도도 밀접한 관련을 갖고 있기 때문에 개호도 보험방식으로라는 주장을 지지하는 유력한 논거인 것처럼 보인다. 그러나 개호보험방식의 우위성이 분명하게 밝혀지지 않은 채 기존 제도와의 정합성만을 주장한다면 단순한 전례 답습적인 타협적 선택에 지나지 않는다. 따라서 관련 제도와의 정합성이 있는 방향이 바람직한 것은 사실이지만 꼭 절대적인 조건이 아님을 우선 지적해 두자. 문제가 많은 개호보험방식을 기존 관련 제도와의 정합성이라는 이유만으로 정당화할 수 없다. 게다가 의료보험제도와의 정합성을 어떻게 생각하는가는 개호서비스를 의료주도형으로 생각하는가, 복지주도형으로 생각하는가에 달렸고, 그 점에서도 재검토가 필요하다.

필자는 지금까지 검토한 것처럼 개호보험방식에는 간과할 수 없는 여러 가지 결함이 있기 때문에 공비부담방식으로 실시해야 한다고 생각하지만, 의료보험제도와 방식이 상이한 것은 당장은 어찌할 수 없는 것이다. 오히려 공적개호보장을 사회복지 주도형으로 실시하기 위해서는 그 방향이 바람직하다고도 말할 수 있다. 또 의료보험제도도 공적연금제도 정도는 아니라고 말하지만, 여러 가지 모순된 곳이 있고, 그 결함을 계속해서 드러내고 있기 때문에, 앞으로는 공비부담방식으로 이행하지 않으면 안 된다고 생각하지만[1], 본서의 주제와는 동떨어지기 때문에 여기서는 지적하지 않겠다.

북유럽국가들과 일본제도 성립의 상이점 등이 일본의 개호보장제도로 개호보험방식을 선택하는 이유가 되지 않는다. 또 분명히 하기 위해 말하자면, 북유럽국가들이 공비부담방식으로 해왔다고 오카모토유우조 씨는 말하지만, 엄밀하게 말하면 꼭 그렇지도 않다. 스웨덴은 연금·의료도 사회보험방식을 선택하였다. 다만 의료에 대해서는 공적 의료서비스가 차지하는 부분이 크고, 사회보험료는 피용자에 대해서는 전액 사용자(기업) 부담이기 때문에 사실상 조세에 가깝다고 할 수 있지만, 제도적으로는 외래진료를 중심으로 사회보험방식이 혼합되어 있기[2] 때문이다. 한편 사회복지서비스는 공비부담방식이므로 오카모토유우조가 말하는 정합성이 여기서는 꼭 성립하지 않는다. 게다가 스웨덴이나 덴

---

[1] 里見賢治 『일본의 사회보장을 어떻게 해석할 것인가』 勞動旬報社, 1990, 제6장 참조.
[2] 후생성보험국 기획과 감수 『구미제국의 의료보장』 (법연, 1994) 제4장 참조

마크도 기존 제도를 소중히 지키지 않고 있으며, 필요하다면 제도의 발본적 개혁을 행하여 오늘날에 이르렀기 때문이다. 예를 들면, 스웨덴의 사회보험방식이 보험료의 전액 기업부담제도를 도입한 것은 1974년, 1975년의 일이다. 덴마크가 현행의 공비의료제도로 이행한 것도 오카모토유우조 자신이 쓴 것처럼 1974년의 일이 틀림없는 사실이다.

이러한 것을 보면 기존의 관련 제도와의 정합성이라는 납득될 것 같은 논거도, 북유럽제국과의 대비를 포함하여, 실제로는 확실한 논거가 없다. 본래 '정합성' 기준은 선택해야 할 방식의 본질적인 부분에서 우위성을 전제로 한 2차적 기준으로 채용되기 때문에 이러한 결론은 말하자면 당연한 것이다.

개호보험론자의 고뇌

보편성, 권리성, 재원조달의 공평성과 용이함의 세 항목에 대해서는 개호보험방식보다도 공비부담방식이 우수하고 선택성, 이용자부담의 공평성, 서비스 공급체제 정비의 3항목에 대해서는 개호보험방식이나 공비부담방식도 제도의 연구방법에 달려 있고 일정 수준은 확보가 가능하다. 특히 기존의 관련제도와의 정합성이라는 기준은 선택하자면 2차적인 기준이기 때문에 별도로 생각하면, 전체로서 공적 개호보장제도를 공비부담방식으로 구축하는

岡本祐三, 「덴마크에서 배운 풍요로운 노후」(朝日新聞社 7호, 1990.4), p.89.

것이 개호보험방식으로 제도설계 하는 것보다 분명 훨씬 더 뛰어나다.

그럼에도 개호보험방식으로 기울어진 논조가 여전히 다수를 차지하는 것이 현실이다. 개호보험론자도 다양한 의견이 있어, 개호의 사회화는 어쩔 수 없다면 적어도 그 중에 시장시스템과의 적합성을 이용하겠다는 생각으로 보험방식을 지지한다는 고색창연한 '일본형 복지사회'론자로부터 일찍이 북유럽방식을 소개하고 추천해온 훌륭한 연구자와 실천가들까지 다양하다. 그 가운데에도 필자는 북유럽방식을 소개·추종했던 많은 사람들이, 눈사태가 일듯이 단결이라도 한 것처럼 한결같이 개호보험방식의 지지를 택할 수밖에 없었던 고심 속의 선택을 어떤 의미에서는 이해할 수 있다. 아마도 높아지는 현실의 욕구와 복지 수준과의 괴리에 초조해져서, 이상적인 제도개혁의 가능성은 너무나 절망적인 수준이고, 말하자면 차선의 선택으로서 개호보험방식으로 기울어졌다고 생각할 수 있다. 예를 들면, 오카모토유우조는 북유럽방식이 제일 시원시원하고 알기 쉽다고 인정하면서, 그렇게 하기 위하여 증세 또는 그 대안이 필요하며, 그러한 제안을 확실하게 책임지고 실현할 수 있는 정치세력이 있는지 없는지 검증이 필요하다고 서술하고 있다. 혹은 종래의 조세방식을 지지해왔던 후쿠야마신고福山眞劫(自治勞中執)도 개호보험의 지지로 전환하면서 사회보험 도입을 절대 반대하는 큰 사회적 세력은 눈에 띄지 않는 점을 이유로 들고 있다. 이케다쇼우죠(지방자치

岡本祐三, 「개호보험 구상」(전게) p.39.
福山眞劫, 「새로운 개호시스템 구축을 향하여」(『자치노통신』 제616호, 1995. 6. 1)

종합연구소)도 한때 강조되었던 개호보험의 장점이 현행 조치제도에 대해서는 그렇다 하더라도, 북유럽 방식과 대조했을 때 장점이라고는 할 수 없음을 솔직하게 인정하면서 공비부담방식을 위하여 증세增税가 필요하지만 복지를 위한 증세를 책임지고 제기하여 실현하려는 정치세력은 존재하지 않는다고 하였다. 그러므로 이러한 상황을 감안하자면 장래의 북유럽형 '전주민대상 급여제도'를 전망하면서, 사회보험과 조세부담의 융합형태인 '개호보험'을 발족시켜 개호에 필요한 사회적 서비스의 양과 질의 비약적인 향상을 선행하는 것이 실현가능성이 있는 현시점에서의 최선의 선택▲이라고 한다. 앞에서 알 수 있듯이 어느 쪽이든지 공비부담방식의 우위성을 인정하면서, 그것을 책임질 정치세력의 부재를 이유로 개호보험방식을 차선의 현실적 선택으로 하였다. 그러나 어쩔 수 없는 고심에 찬 선택과 그 가운데 좀 더 나은 시스템을 구축하고 싶다는 의견을 이해하면서도 그러한 선택은 착각이라고 하지 않을 수 없다. 그 이유에 대해서는 중요한 논점이기 때문에 중복되지만 다시 검토하고자 한다.

개호보험론자의 대부분은 보험료를 조달하는 것은 2분의 1정도로 하고, 나머지는 공비로 조달하려고 한다. 이케다쇼우죠는 그것을 '사회보험과 조세부담과의 융합형태' 혹은 '일본형 복지사회'라고 하면서, 그것에 의해 사회보험의 결함이 해소 혹은 크게 완화된 것처럼 말한다. 그렇

▲ 池田省三, 「개호보장시스템과 비용부담」(전게) pp.21-22.

표 8_공표되어 있는 개호보험제도안 정리(후생성)

		A형	B형	C형
보험자		시정촌 (광역적인 대응도 포함)	국가 (급여주체는 시정촌)	각의료보험자 (급여주체는 시정촌)
수급자		고령자	고령자	고령자
보험료의 부담자		20세 이상	20세 이상	의료보험료의 피보험자
보험료산정	고령자	정액보험료 · 보험자(시정촌)로 설정 · 연금에서 특별징수	정액보험료 · 전국 일률의 기준 · 연금에서 특별징수	
	비고령지층 (약년층)	정액부담 · 전국 일률의 기준 · 각 의료보험자가 징수대행		의료보험료와 같은 방식으로 징수
	사업주부담	사업주부담 · 법률상에 사업주부담 적용 · 피용자부담의 일부에 대해서는 노사의 협의에 의함.		
	공비부담	공비부담 비율 · 50% · 50% 이상		

※ 현재 공표되어있는 7개의 개호보험제도안을 기본으로 정리한 전형적인 형태이다. 후생성안은 아니다.
※ 자료: 제2회 노인보건복지심의회제도분과회(1995년11월13일)의 배포자료에 의함.

지만 그것은 환상이다. 분명히 공비의 투입만큼 보험료의 부담을 줄이고, 보험으로부터의 탈락을 줄어들게 할지는 모르겠다. 그러나 문제는 사회보험이 사회보험인 이상은 어쩔 수 없는 배제원리에 있다. 아무리 보험료를 내린다 하더라도 미가입자와 탈락자가 생기는 것은 막을 수 없다. 사회보험인 이상 그들을 배제하는 것이 불가피하다. 가령 저소득자에 대한 보험료 면제제도를 도입한다고 해도 그 면제기준을 통과할 수 없는 보더라인border line층의 체납은 발생한다. 거기에 사회보험 고유의 한계가 있고, 공비를 아무리 투입하더라도, 사회보험은 어디까지나 사회보험이고, '사회보험과 조세부담과의 융합형태'가 되는 것은 아니다.

게다가 꼭 지적하고 싶은 것은 개호보험론자가 말하는 공비투입에 관해서이다. 개호보험론자 대부분은 2분의 1, 또는 그 이상의 공비부담을 주장하는 것 같다. 예를 들면, 후생성이 노인보건복지심의회의 제2회 제도분과회(1995. 11. 13)에서 제시하고 공표한 개호보험제도안의 정리▲에는, 3안에도 공비부담의 비율을 50% 또는 그 이상으로 하고 있다(표 8). 이 3안은 현행 공표되어 있는 7개의 개호보험제도안을 기본으로 하여 정리한 전형적인 형태이고, 후생성의 안案이 아니라고 주기되어 있지만, '7개의 개호보험제도안'은 어느 것이든지 공비부담 50% 또는 그 이상으로 하고 있는 것은 개호보험론자의 대부분이라고 해도 큰 허물은 아닐 것이다. 그것을 후생성이 3안案으로 정리해서 소개한 것 자체는 "후생성의 안案이 아니다."라고 주기했음에도 불구하고 앞으로의 검토 방향성을 시사하는 것이다. 그러나 한편으로는 보험에 의한 재원조달의 용이함과 세금에 의한 재원조달의 곤란함을 강조하면서, 2분의 1의 공비부담의 재원을 어떻게 조달할 것인가? 공비는 전액 혹은 반액이라는 차이는 있지만, 세금에 의한 재원조달을 요구하는 것은 현재 구상되는 개호보험의 경우도 그러하다. 오카모토유우죠와 같은 개호보험지지자들이 말하는 것처럼 증세를 책임지고 담당할 정치세력이 없다면, 처음부터 공

▲ 제2회 노인보건복지심의회 제도분과회의 설명자료에 의한 것임.

비부담 투입과, 장래에 북유럽형으로의 이행이라는 주장 자체도 탁상공론이 되지 않을 수 없다.

이러한 개호보험방식의 논거는 차선의 선택론을 포함해서 이론적으로는 거의 패배해간다고 할 수 있다.

개호보험 대상을 고령자로 한정하는 폐해

이상의 검토에서는 주로 이론적으로 면밀히 검증을 했지만 구체적인 개호보험안의 수준에서도 문제점은 많다. 개호보험의 구체안은 본고 탈고시점(1995. 12. 중순경)에도 아직 분명하게 되어있지 않다. 지금까지 제시해 온 시안과 앞의 후생성의 3안 〈표 8〉에 의해서도 문제점의 한 부분은 확실히 드러나는 중이다.

첫째 후생성의 정리에 의하면, 개호보험 급여대상은 어느 안이든 '고령자' 로 되어 있고 고령장애인 외의 장애인은 제외되어 있다. 처음부터 일련의 정부관계의 '보고' 와 '권고' 는 개호보장문제를 고령자 문제로 한정하였다. 장애인 문제에 관해서는 언급하지 않았다. 그 이유에 대해서는 와다마사루和田勝(후생성 고령자 개호대책본부사무국장)는, "고령자 개호의 리스크가 보편적인 것과는 상대적으로 비노인층 장애인의 경우에는 그렇지 않고, 어찌 되었든 특정한 계층의 사람들로 한정된 서비스와 그렇지 않은 서비스가 있지 않은가? 장애인시책이 불충분한 것은 아닌가?"라고 하며, "실례되는 표현을 하자면 이대로 간다면 시대에 뒤떨어지지 않는가라고 염려하는 분들도 실제로 많다고 생각합니다."라고 한 다음, "다만 그것에 대응하는 보험의 형식이 좋은가, 어떤가? 비노인층 장애인의 경우에는 개호도 중요하지만 그것 외에 교육문제, 직업훈련, 취업, 일련의 사회참가문제 등 다양한 문제 가운데 하나로서 개호문제도 있는 것이라고 생각합니다. 그런 전반적인 상황에 장애인복지시책으로서 이 문제를 거론하여 문제화하는 시각, 그 가운데에 개호를 두는 시각을 기본으로 하는 것이 좋지 않을까?"라고 서술하고, 장애인에 대한 각종 시책의 일체성이라는 관점에서 장애인개호를 공적개호보험과는 별개의 기준으로서 생각한다. 이에 관해서 이하라카즈토(고령자 개호대책 본부사무국장 보좌)도 다른 심포지움의 발언에서, "장애인에게 있어서 개호서비스는 현재 수산授産:생활곤궁자, 장애인 등 취업능력이 제한되어있는 자에 대한 취업 또는 기능수 득을 위해 필요한 기회를 제공하여 생활의 안정을 기하는 정책: 역자주이라든가 교육이라든가 다른 필요한 서비스와 함께 공비(세금)로 제공되고 있습니다. 따라서 보고서'연구회보고'를 지칭함: 인용자주에는 개호부분만을 사회보험으로 따로 하는 것이 장애인복지시책 전체를 발전시키는 것에 적절한가, 아닌가를 잘 검토해볼 필요가 있다고 지적하고 있습니다."라고 서술함으로써 와다마사루와 거의 같은 생각을 제시하였다.

후생성 측에는 이러한 장애인시책의 일체성의 시각에서 특별기준을

1995년도 「사회복지 톱세미나」의 판넬디스커션. 「공적개호보험제도와 그 내용에 있어서 와다마사루씨의 발언」('신' 복지시스템, 『월간복지』 증간), 전국사회복지협의회, 1995. 9. p.53.
이하라카즈토의 발언(岡本祐三 감수, 『공적개호보험의 모든 것』, 아사히컬처센터, 1995. p.38.

적용한다고 설명하는 것같지만 그 진의는 다른 곳에 있지 않은가라는 관측도 강하다. 예를 들면, 아리오카지로우有岡二朗(『조일신문』朝日新聞 편집위원)는 비노인층 장애인(65세 이하의 장애인)은 정상화normalization의 실현을 요구한다. 즉 건강한 자와 똑같은 생활을 할 수 있게 해달라는 것이고, 여러 가지 서비스를 요구한다 해도 그것은 와상 등의 노인에 대한 서비스와는 다른 것이라는 게 한 가지[*] 이유이다. 결국 정상화 이념을 기본으로 하는 비노인층 장애인의 개호 요구 수준이 고령자의 그것보다도 높은데, 이를 동일한 개호보험제도로 해결한다면, 개호보장 수준이 지나치게 높아진다는 것이 아리오카지로씨의 관측이고, 이는 있을 법한 이야기이다.

어쨌든 일본의 개호보험 구상은 장애인을 제외한 채 진행 중이다. 그 경우, 장애인의 개호보장제도를 어떻게 구상하느냐에 달려 있지만 만약 현행제도의 연장선에서 그것을 생각한다면 오쿠마유키꼬大熊由紀子(『조일신문』朝日新聞 논설위원)가 지적한 것처럼, 조치제도에는 권리성과 선택성이 결여되어 있다는 연구회고령자개호 · 자립지원시스템연구회를 지칭함: 인용자주가 '장애인은 조치제도로' 라고 주장한다면, 삼단논법으로 장애인에게는 권리성이나 선택성이 필요없다고 판단한 것이므로, 반대는 당연한[**] 것이다. 이렇게 장애인을 제외한 점이 현재의 개호보험안의 결정적인 약점 중 하나다.

---

[*] 철도홍제회(鐵道弘濟會), 제32회 사회복지세미나의 심포지움, 「신 고령자개호시스템의 구축과 전망」에 대한 아리오카지로우의 발언(『社會福祉研究』 제64호, 1995. 10, p.36).

[**] 大熊由紀子, 「신개호시스템과 공적개호보험」(『社會福祉研究』 제63호, 1995. 7), p.111.

서비스급여가 없는 보험료 부담의 모순

둘째, 급여는 고령자에게 제한하면서 보험료는 20세 이상의 성인 또는 의료보험 피보험자에게 부담시키려는 것은 모순이다. 이런 급여와 부담의 관계는 언뜻 보아서는 공적 연금보험방식과 비슷한 것처럼 보이지만 전혀 다른 별개의 것이다. 연금제도의 경우는 보험료 납부기간이 연금납부액에 연동하고, 또 가입기간 중에 장애가 발생하거나 사망한 경우에는 장애연금과 유족연금의 급여대상이 되는 등 고령자 외의 성인도 연금제도에 포함되지만, 검토 중에 있는 개호보험은 고령자 외의 사람은 고령자가 되기 전까지는 일방적으로 보험료를 부담만 하는 관계이다(이 때문에 앞의 〈표 8〉에는 젊은층의 부담을 정액보험료라고 하지 않고 정액부담이라는 애매한 방법으로 하고 있다). 결국 그 경우의 보험료는 사실상 세금과 같은 것이고, 말하자면 '숨겨진 세금'(보험료의 얼굴을 한 세금)이다. 그렇다고 한다면, '숨겨진 세금'을 보험료라는 형식으로 요구하기보다는 세금으로서 요구하는 편이 취지에서 보아도 산뜻하고, 부담의 공평성 등에서도 연구의 여지가 크다. 이미 서술한 것처럼 보험료에는 많든 적든 역진성이 작용하기 때문이다.

게다가 개호보험료의 경우는 가령 20세 이후에 계속 체납상태이다가 60세부터 지불하기 시작한 경우, 그 사람이 고령자가 된 이후 개호서비스를 급여할 것인가, 아닌가? 급여한다면 20세 이후 보험료를 계속해서 지불한 사람과의 관련이 문제가 되고, 급여하지 않는다면 역으로 개호보장에서 누락되는 큰 문제가 발생하는 딜레마를 피하지 않을 수 없다.

세금을 재원으로 하는 공비부담방식이라면, 이러한 모순은 피할 수 있기 때문에, 이 점에서도 우월하다고 말할 수 있다.

이러한 딜레마를 피하고 체납자를 최소한으로 하기 위해, 앞에 언급한 제2회 제도분과회 자료에 의하면 "보험료 징수에 있어서는 미납문제가 될 수 있는 대로 발생하지 않도록 하고, 사무적으로도 효율적인 구성을 하는 것이 중요하다."라고 하면서, "급여가 없는 젊은층에게 부담을 요구하는 경우, 적절히 징수를 확보할 수 있는 구성이 불가결하다."는 것이다. 그 대응책의 하나로서 "각 의료보험자에게 징수할 경우 징수대행이라는 구성으로 적절한 징수를 확보할 수 있을까?"라는 검토 항목을 두고 있고, 의료보험제도를 이용하는 보험료징수 방식을 생각하고 있는 것 같다. 개호보험의 보험자가 국가이든 시정촌이든 어느 쪽이든 간에 보험료징수는 현행의 의료보험제도를 이용한다면 분명히 미납문제 등을 상당히 감소시킬 수 있지만 일시적인 수단이라는 비난을 면할 수 없다. 또 이렇게 해도 미납과 체납은 꼭 발생하므로 완전한 해결은 되지 않는다. 그렇다면 역시 공비부담방식으로 할 수밖에 없다.

서비스 급여는 충분한가?

셋째, 개호보험에 의해 제공되는 개호보험서비스가 과연 '자립지원'으로서 충분한 것인지 여부도 검토해야 한다.

노인보건복지심의회 제2회 제도분과회 배포자료, p.6.

현재 검토중인 서비스모델(전형적인 케이스)은 후생성이 노인보건복지심의회 개호급여분과회에서 제시한 서비스 모델안(전형적인 케이스, 〈표 9〉)에서 제3회 개호급여분과회(1995. 11. 24)에 와상상태의 케이스모델을 제시하고, 제4회(12. 4)에 인지증성 고령자와 허약 고령자의 모델 케이스가 제시되었다. 이 모델을 제시할 때에 후생성은 "서비스모델에 있어서 제공되는 서비스에 관해서는 현재 일본에서 갖추어져 있는 서비스기반 수준에 직접 대응하지 않고, 전국적으로 균일하게 실현 가능하지 않은가? 라는 관점에서 작성한 것이 아님에 유의해야 할 필요가 있다."라며 모든 케이스에 관해서도 꼭 주석을 달고 있다. 현재의 서비스 수준에서는 달성하기 어려운 것을 의식하지만 서비스의 양적·질적 준비를 서두르지 않으면 안 된다는 것을 단적으로 보여준다.

그런데 후생성의 서비스모델안에 의하면 개호서비스를 가장 많이 필요로 하는 경우는 허약한 고령배우자와 동거하는 중도重症고령자이고, 이 경우 홈헬프서비스는 주 14회(주 11시간 20분), 주간보호서비스는 주 3회(주 18시간), 방문간호는 주 2회, 단기보호서비스는 월 1회(1회 7일)의 수준이다. 주 14회의 홈헬프서비스는 언뜻 보아 상당한 수준처럼 보일지는 모르지만 그중 7회는 야간 순회형 헬프이다. 그것을 포함한 총 헬프 시간은 주 11시간 20분으로 되어 있다. 이 경우, 순회헬프서비스는 1회 20분, 체재형 헬프서비스는 1회 60분(허약한 고령배우자와 동거하는 경우는 제외)으로 상정되어 있는 것 같다. 순회헬프를 포함해서 1일 평균 약 1시간 40분 정도(그 중에 20분은 순회헬프)의 홈헬프서비스이고, 허

표 9_요개호고령자에 대한 서비스모델(전형적인 케이스: 후생성안)

세대상황과 요개호의 정도		홈헬프서비스	주간서비스	방문간호	단기보호 (1회7일)
최 중 도	복수세대동거 가족개호있음	주14회(7회) 주9시간20분	주3회 주18시간	주2회	월1회
	허약한 고령배우 자와 동거	주14회(7회) 주11시간20분	주3회 주18시간	주2회	월1회
중 도	복수세대동거 가족개호있음	주7회(0회) 주7시간	주3회 주18시간	주1회	2개월 1회
	허약한 고령배우 자와 동거	주7회(0회) 주9시간	주3회 주18시간	주1회	2개월 1회
	독거	주15회(11회) 주7시간40분	주3회 주18시간	주1회	2개월 1회
중 경 도	복수세대동거 가족개호있음	주1회(0회) 주1시간	주3회 주18시간	주1회	2개월 1회
	허약한 고령배우 자와 동거	주3회(0회) 주3시간	주3회 주18시간	주1회	2개월 1회
	독거	주4회(0회) 주4시간	주3회 주18시간	주1회	2개월 1회
치 매	곤혹기	주3회	E형 주3회	주1회	2개월에 7일
	문제행동기	-	E형 주3회	-	2개월에 7일
허 약	허약고령자	주1~2회	주1~2회	주1회	1년에 1~2회

※ 비고: 1. 홈헬프서비스의 ( )안은 야간·조조헬프의 횟수, 내수이다.
　　　　2. 치매성고령자를 위한 서비스모델은 '와상상태와 치매가 합병된 상태와는 별도로' 상정한 것이다. 또 그
　　　　　룹홈에 대해서는 '차후검토 필요'라고 되어 있다.
　　　　3. 치매성고령자·허약고령자의 세대상황 등은 구분되어 있지 않다.
※ 자료: 노인보건복지심의회 제3회 개호보험급여분과회(1995년11월24일) 및 제4회 개호급여분과회(12월4일)의 배
　　포자료에 의함.

약한 고령배우자가 개호하는 중도의 고령자 '자립지원'이 어느 정도 가능한 것인가가 의문이고, 서비스 수준을 한층 높이는 것이 필요하다.

또한 인지증성 고령자에 관해서 제4회 개호급여분과회에는 "와상상태와 합병(와상상태와 인지증이 겹친) 상태와는 별도로 인지증성 고령자 고유의 서비스모델 설정이라는 관점에서 곤혹의 시기 및 문제행동의 시기를 주로 상정하여 작성했다."라고 되어 있다. 또 허약 고령자의 케이스에 관해서는, "요개호상태가 발생했다고는 하지 않았지만, 와상상태의 전단계에 해당하는 것을 고려할 필요가 있다. 따라서 요개호고령자에 대한 서비스 방침과는 다른 방침을 세우고, 본격적인 요개호상태의 발생을 예방하며, 고령자 자신의 자립노력을 지원한다는 관점에서 독거노인과 노인들만의 세대도 될 수 있는 한 재가생활이 가능하도록 적절한 서비스를 제공하고, 부수적으로 가능한 한 재가생활을 계속할 수 있도록 조건을 갖추는 것을 기본으로 하여 작성하였다."라고 되어 있다. "요개호고령자에 대한 서비스 방침과는 별도의 방침을 세우고"*라는 표현이 무엇을 의미하는 것인지는 미묘하다.

〈표 9〉의 '서비스모델'은 불충분하지만 당분간 그 정도조차 달성하기는 어렵다. 2000년에 재가개호서비스 정비율은 40~50%, 2005년에 60%, 2010년에는 80%로 상정되어 있다(p.141 〈표 11〉, 주4 참조). 덧붙여 기반정비량의 추계는 〈표 10〉과 같다. 따라서 개호보험에서 상정하는 서비스

▲ 제4회 노인보건복지심의회, 개호급여회의 배포자료에 의함.

표 10_신개호시스템에 있어서 기반 정비량 추계(개략한 시산,후생성)

재가개호의 기반 정비

	2000년도		2005년	2010년
	케이스A	케이스B		
이용자수 요개호노인 허약노인	70.8만 명 130.0	70.8만 명 130.0	94.0만 명 160.0	120.0만 명 190.0
홈헬퍼	22만 명	17만 명	34만 명	56만 명
주간보호 주간케어	2.1만 개소	1.7만 개소	3.2만 개소	5.3만 개소
단기보호	9.1만 병상	7.3만 병상	14만 병상	23만 병상
방문간호	0.8만 개소	0.6만 개소	1.2만 개소	2.0만 개소

※ 비고: 케이스A, 케이스B는 서비스모델(전형적 케이스)을 기본으로 한 고령자 개호비용의 추계와 동일

시설개호의 기반 정비

	정원	입소자수의 예상		
	2000년도	2000년도	2005년도	2010년도
계	76만 병상	69.2만 명	76.0만 명	80.0만 명
특별양호노인홈	29	28.7	31.6	33.2
노인보건시설	28	24.9	27.4	28.8
요양형병상군 등	19	15.6	17.1	18.0

※ 참고: 신골드플랜의 1999년도말 정비목표(케이스C)
    홈헬퍼 17만 명
    주간보호 · 주간케어 1.7만 개소
    단기보호 6만 병상
    노인방문간호스테이션 5000개소
    특별양호노인홈 29만 병상
    노인보건시설 28만 병상

※ 자료: 「신개호시스템의 고령자개호비용및 기반정비량의 장래추계」(개략한 시산)(제27회 노인보건복지심의회 · 배포자료) p.7.

수준이 반드시 충분하지 않고, 그 수준의 향상이 과제인 것은 분명하다. 또한 이 점은 공비부담방식의 경우에도 같고, 개호보험만의 문제가 아님을 분명히 하기 위해 미리 말해두고 싶다.

가사원조서비스는 보험급여 대상인가?

넷째, 개호보험방식의 경우 홈헬프서비스 중에 가사원조서비스가 급여대상이 되지 않을 염려가 있다. 이것에 대해서는 노인보건복지심의회 '중간보고'는 그 부속자료 '논의 개요'에서 홈헬프서비스 중에 가사원조 업무, 주택개조서비스에 관해서는 고령자개호와 그 밖의 노인복지와 구분하는 관점에서 그 취급을 장차 검토할 필요가 있다[1]고 의견을 피력하고 있다. 아마도 그것에 입각하여, 제24회 노인보건복지심의회(1995. 9. 29)에 제출된 자료, '신고령자개호시스템에 관한 주요한 논점(메모)'에는 "홈헬프서비스 중에 가사원조서비스 업무, 주택개조서비스의 취급에 대하여 어떻게 생각하는가?"[2]로 같은 논점이 거듭되고 있다. 제27회 심의회(1995. 12. 20)에도 여전히 양론이 병기되어 있다. 더욱이 앞에서 본 것처럼, 제4회 개호급여분과회에는 허약한 고령자에 대한 서비스모델을 요개호고령자에 대한 서비스 방침과는 별도로 구상하고

---

[1] 노인보건복지심의회, '중간보고'의 부속자료, 「논의의 개요」(전게, 『신고령자 개호시스템의 확립에 관해서』), p.24.
[2] 제24회 노인보건복지심의회에 제출된, 후생성 제출자료 중 「주요한 논점」, p.1.

있기 때문에 일정 부분은 보험급여 대상으로 생각하는 것 같다. 그러나 그 경우에도 일부 대상자의 가사원조서비스로 한정될 우려가 강하다.

독일 개호보험의 예를 보면, 요개호상태에 해당하는 경우는 가사원조서비스도 함께 급여되는 것 같지만 가사원조서비스만의 급여는 상정되지 않았다. 일본의 경우에도 이미 서술한 것처럼 가사원조서비스의 취급을 검토해야 하는 논점에서 독일을 모방하면서 가사원조서비스만은 모방하지 않아 급여하지 않는 것일까? 아니면 극히 일부분에 한정된 것이라고 상정할 수 있다. 만약 그렇다면 개호보험의 도입은 일본의 홈헬프서비스 수준을 현저하게 저하시키는 것이 된다. 널리 알려져 있는 것처럼 일본에는 개호서비스보다도 가사원조서비스가 압도적으로 많기 때문이다. 〈표 9〉에 의하면 허약한 고령자에게는 주1~2회의 홈헬프, 주1~2회의 주간보호, 주1회의 방문간호, 연1~2회의 단기보호가 서비스모델로 되어 있다. 이것이 전형적인 경우라면 문제는 크다고 할 수 있다.

또 개호서비스와 한 세트인 가사원조서비스의 급여에 대해서도 의문점이 많다. 요개호상태일 경우의 가사원조서비스는 앞의 〈표 9〉에서 '허약한 고령배우자와의 동거' 유형 및 '독거'의 유형이고, "헬퍼가 원조에 맞게 알아서 적절하게 처우한다."라고 되어 있다. 그러나 헬프서비스의 시간이 최장의 경우 주14회, 주당 11시간 20분(순회헬프를 포함해서), 최단 3시간 정도이고 '조리', '청소 등'의 가사원조서비스가 어느 정도 되는지 그 한계는 자연히 밝혀질 것이다.

공적개호보장이 요개호자의 자립지원이라면, 가사원조서비스의 이러한 처리는 문제가 될 것이다. 신체적 기능의 저하로 인해 어느 정도 가사원조가 없다면 자립으로 재가생활을 하기 어려운 경우가 많고, 가사원조서비스의 급여를 하지 않는, 혹은 충분하게 하지 않는 것은 이러한 경우를 방치하는 것과 같기 때문이다. 가사원조서비스는 보험급여는 하지 않지만, 복지서비스로서 공비에서 급여한다는 조치를 취하는 것도 생각할 수 있다. 하지만 한편에서 보험은 권리라고 하고 있기 때문에 가사원조서비스는 권리로서 급여하지 않게 되며, 일관성이 없어지므로 어느 쪽이든지 문제는 남아 있다.

개호보험의 과중한 이용자 부담

다섯째, 개호보험 구상이 상정하고 있는 이용자 부담은 특히 저소득층에 과중한 부담이 된다고 생각되고, 이 점에서도 문제는 크다. 개호보험의 이용자 부담은 이용할 때마다 1할 또는 2할의 정률로 부담하는 것으로 생각된다. 의료보험의 환자부담을 2할로 통일하려고 하는 움직임▲이 있는 가운데 개호보장을 같은 보험방식으로 실시하는 경우에는, 그 이용자 부담을 1할로 할 것인가 아닌가? 의문을 갖게 된다. 그것이 어찌 되었든 이 부담이 현행의 비용부담 방식에서 무료 또는 저가로 되어 있는 계층에게는 부담이 증가하는 것은 분명하다. 그럼에도 불구하

▲의료보험심의회, 「검토항목 Ⅲ, Ⅳ, Ⅴ를 중심으로 이 시점까지의 검토내용의 핵심을 정리한 것」(1995. 8. 4)

고 식비와 숙박비의 부분에 있어서는 보험급여의 대상에서 제외된다고도 말하고 있고♠ 이러한 부담도 부가되는 것을 생각하면 개호보험방식의 이용자부담은 현행보다도 상당한 부담이 될 수 있으며 이 점 또한 문제이다. 이상에서 검토한 것처럼 개호보험을 실시하는 경우에도, 해결 곤란한 문제점이 엄청나게 많고 상당한 모순이 있으므로 이러한 점에서도 공비부담방식에 우위성이 있다고 말할 수 있다.

개호서비스 등의 제공시스템

이상에서는 주로 제도의 운영·재정방식을 중심으로 하여 검토해 왔지만 여기에서는 구체적인 서비스 제공시스템에 관해서 간단히 설명하고자 한다.

공비부담방식에 의한 신개호보장시스템의 요점은 개호욕구를 기본으로 하고 그에 알맞는 재원을 공비로 확보하고 그것에 의해 "누구나 언제나 어디서나 개호서비스를 받을 수 있는 보편적인 시스템"을 구축하는 것에 있다. 그 경우, 서비스의 구체적인 수급구조는 현행의 조치제도로 할 필요가 반드시 있는 것은 아니고, 개호의 필요성 및 정도의 판정은

♠ 이것에 관해서 '시스템연구회보고'는 이용료에 관한 검토항목의 하나로서 "시설입소자에 대해서는 재가서비스 이용자인 경우 자신이 부담하고 있는 식비와 광열비 등 일상적인 생활비에 해당하는 부분의 자리매김"을 들고 있다. 제3회 제도분과회(1995. 11. 20)의 「이용자부담에 관한 주요논점과 이 시점까지의 의논 등의 개요」에도 「식비와 일상생활비의 취급」이 거론되어, 시설의 체재비는 생활비이고, 기본적인 생활비는 공적연금에서 담보되어 있으므로 체재비 부분은 본인이 부담해야 하지 않는가라는 의견을 소개하고 있다.

시정촌이 담당하지만, 서비스이용은 이용자가 시설과 서비스 제공기관을 선택하는 시스템을 만들 필요가 있다.

공비부담방식으로도 이러한 선택성이 가능하다는 것은 이미 서술했지만, 여기서 부가설명을 하자면 그것은 이전의 노인의료비 무료화제도(1983년 폐지)이고, 이미 실험했던 것을 지적해두지 않으면 안 된다. 호시노신야星野信也도 말했듯이, 이 제도에 의한 노인복지법은 실적으로서 의료보험의 계약주의나 이용도에 따라 지불하는 생산개수 지불제도를 이미 경험하였고, 개호보험제도론의 측에서 비판될 이유는 없는 까닭이다. 다만, 공비부담에 의한 노인의료비 무료화제도는 노인복지법상의 조치로서 선택성이 실현될 수 있었던 것은 의료서비스가 이미 완비된 조건이 있었기 때문이다. 따라서 서비스의 양적·질적 정비가 근본인 것은 이미 지적했지만 다시 강조해둘 필요가 있다.

이러한 구조에 덧붙여 개호의 필요성과 정도의 판정에 불복하는 경우, 혹은 제공된 서비스에 문제가 있을 경우, 이용자의 불평과 불만을 수용하고 적절하게 대처하는 옴부즈만제도가 필요하다.

위에서 간단히 검토한 것처럼 개호서비스의 구체적인 제공시스템에 대해 좀 더 나은 시스템을 생각하는 한, 공비부담방식이나 공적개호보험방식이나 그렇게 큰 차이는 없다고 생각할 수 있다. 어차피 서비스제공 필요성 판정은 하지 않을 수 없고, 필요하다고 판정된 경우, 본인의

星野信也, 「개호보험제도론의 과제와 문제점」(『週刊 社會保障』 제1850호, 1995. 8. 7, 14. 합병호), p.125.

그림 2_신 고령자 개호시스템의 요개호 인정과 케어플랜(후생성_{현재의 후생노동성임: 역자주}안)

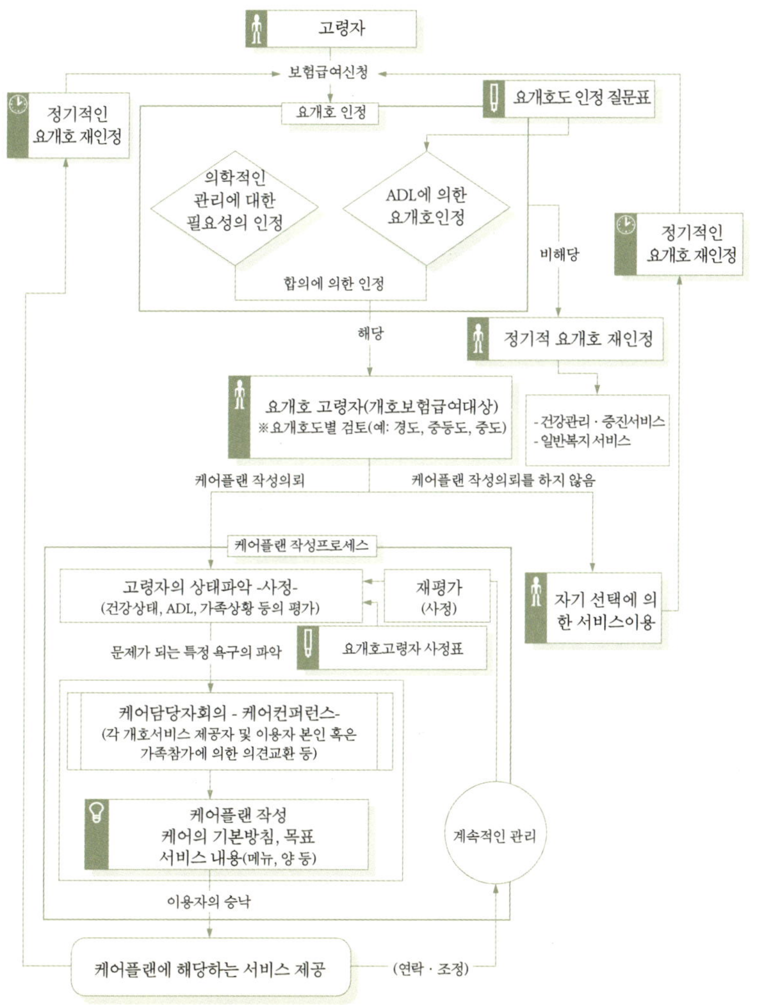

※ 자료: 제3회 노인복건복지심의회 개호급여분과회(1995년 11월 24일) 자료에 의함.

희망에 따라 케어플랜을 작성하고 서비스 제공기관에 연결하여 서비스의 적절함과 효과 등을 사후에 평가·재평가하는 이른바 케어 매니지먼트의 과정에서도 두 가지 방식을 모두 필요로 하기 때문이다.

후생성이 제3회 개호급여분과회에 제시한 '신고령자개호시스템에 있어서 요개호인정과 케어플랜'은 〈그림 2〉와 같고, 요개호 인정에 해당한다면, 본인의 희망에 따라 케어플랜을 작성하거나 또는 자신의 선택에 의해 어느 쪽이든 서비스를 이용할 수 있게 된다. 케어플랜을 작성하는 경우에는 사정과 면담을 거쳐 작성하기도 하고, 이용자의 승인을 얻고 난 후에 서비스를 제공한다. 후생성의 안案에는 가사원조서비스만을 이용할 경우는 비해당이라는 위험성이 있지만 그 점을 제외하고, 공비부담방식이나 개호보험방식에는 서비스 제공시스템의 구체적인 큰 차이는 없다고 말할 수 있다. 이 점에 양자의 다른 점이 있고 다소 공비부담방식이 우위성 있다면 그것은 주로 다음 두 가지로 생각할 수 있다.

첫째, 적어도 개호욕구와 그 필요성의 판정은 공비부담방식이나 개호보험방식 모두 원칙적으로는 반드시 시정촌 주도로 실시해야 한다. 그러나 이 점에는 공비부담방식이 더욱 친숙하고 개호보험방식의 경우는 운영주체 등을 어디에 두는가의 구상에 따라 친숙하기 어려운 경우가 있다.

둘째, 공비부담방식이 개호서비스와 가사원조서비스의 전체적 제공에는 더욱 알맞다. 개호보험방식은 가사원조서비스가 단독으로 급여되지 않거나 불충분하게 급여될 위험성이 있다. 이 경우 재가생활의 자립지원 관점에서 심각한 문제를 안고 있다. 개호보험방식에도 가사원조서비스의 단독급여는 보험급여로서는 무리지만 사회복지서비스로서 별도로 급여하면 된다는 생각도 있다. 한편 급여를 권리로서 인정하기 위해서는 개호보험방식밖에 없다고 말하면서, 다른 한 쪽에서는 가사원조서비를 복지로 하는 제도의 이중화를 가리켜 앞서 소개한 오쿠마유끼꼬의 표현을 빌리자면 '삼단논법'에 의해 "가사원조서비스는 권리가 아니"라는 것과 같다. 상대적으로 공비부담방식은 개호서비스와 가사원조서비스를 엄격하게 구별할 필요가 없기 때문에 어느 것이라도 권리로서 급여하는 것이 가능하다. 따라서 서비스 공급시스템이라는 점에서도 공비부담방식이 상대적으로 우위성이 있다고 생각된다.

공비부담방식의 재원정책

■ ■ ■

사회보험 방식의 환상의 극복: 일본인은 어리석은 것일까?

공적개호보장시스템의 재원을 세금으로 충당하는 공비부담방식으로 구축하는 것의 타당성은 이해할 수 있다고 생각하지만, 또 다른 논점은 그 공비(조세)재원을 어떻게 조달할 것인가에 있다. 지금까지의 전개로 어느 정도 설명하였지만, 여기서 다시 한번 재원정책에 대해서 검토해두고 싶다.

공적개호보장을 사회보험방식으로 구성하는 구상은 많든 적든 시민의 사회보험에 대한 환상과 착각에 의거한다는 점은 이미 서술했지만, 이러한 환상과 착각을 그대로 이용해서는 안 되고, 이를 불식하기 위해 논진을 펴는 것이야말로 연구자의 책무이고, 또 책임 있는 정당의 임무이다. 그런 연후에 사회보험료가 실제로 세금에 가깝다면 공평성 등의 배려가 가능한 조세로 재원조달을 대담하게 제기해야 한다는 것이 필자의 주장이었다. 시민은 결코 어리석지 않기 때문에 이를 정확하게 설명하면 반드시 이해할 수 있다고 확신한다. 사회보험료에 대한 사람들의 환상에 의거해서 재원조달을 하려는 것은 그야말로 시민의 이해력을 무시하고 있는 처사다.

또 일본인은 세금을 싫어한다고 종종 말하지만 사이토요시오齊藤芳雄(ゆきぐに大和 종합병원장)는, "정말로 일본인은 세금을 싫어하는 것일까? 일본인의 경향은 북유럽 쪽이 많은 것 같다. 덴마크를 아주 좋아하고, 스웨덴을 아주 좋아한다. 북유럽은 고부담으로 이루어지기 때문에, 모든 일본인이 세금을 싫어한다고는 말할 수 없다." 라고 지적한 것처럼, 일본인은 세금보다도 보험료를 선호한다고 단정할 필요는 없다. 문제는 정확하게, 합리적으로 어떻게 설명하는가에 달려 있다.

철도홍제회, 제32회 사회복지세미나의 심포지움, 「신고령자 개호시스템의 구축과 전망」 중 사이토 요시오씨의 발언(『社會福祉硏究』 제64호, 1995. 10), p.39.

세금 사용도의 명확화: 개호보장 목적세의 구상

다만 "사회보험료의 경우는 사용처가 명확하지만 세금의 경우는 어디에 쓰이는지 알지 못하기 때문에 신뢰성이 없다."는 비판에 대해서는 겸허하게 받아들일 필요가 있다. 예를 들면, '고령화사회를 준비하기 위하여'라는 명목으로 도입한 소비세를 실제로 어느 정도 사용하는가는 분명치 않다는 것, 혹은 세금이 정치가와 관료의 접대에 쓰이고 있는 것은 아닌가라는 불투명함 등이 세금에 대한 신뢰를 현저하게 손색하는 것은 사실이다. 이런 불투명함은 세금보다도 사회보험료가 덜하다는 판단이 발생하는 것은 확실하다. 따라서 조세를 재원으로 하는 공비부담방식으로 공적개호보장시스템을 구축하는 경우에 이 점에 관한 연구가 필요하다.

세금의 사용도에 대한 신뢰성의 문제는 사실은 정치에 대한 관심과 신뢰성의 문제와도 상통한다. 국정선거·지방자치체선거의 투표율이 현저하게 낮은 일본의 현실은 아주 높은 투표율을 보이는 북유럽제국과 비교해서 심각한 문제를 안고 있다. 이러한 상황에서 공적개호보장시스템의 구축을 위하여 시민에게 새로운 부담을 요구하려면 세금의 사용도에 대한 신뢰성을 고려하지 않을 수 없다.

세금의 사용도에 대한 불신감을 제거하기 위해서는 조세재원의 사용도를 개호보장에 특징지을 필요가 있다. 이를 위해서는 2가지 방법을 생각할 수 있다. 하나는 주로 기존의 세금에 관해서, 지방교부세 교부금에 준하는 방식을 채택하는 것이다. 다른 하나는 개호보장목적세를 설정하는 것이다. 이렇게 하여 조세재원의 사용도를 개호보장재원으로 특징지음으로써, 사용도의 불명료함이라는 비판을 피하는 것이 가능하다.

직접세 재원의 개호보장 특정재원화

공비부담방식으로 공적개호보장시스템을 구축하기 위해서는 당연하지만, 새로운 재원 조달이 필요하다. 확실히 하기 위해 말하자면 그것은 개호보험방식의 경우에 새로운 보험료의 부담을 요구하는 것과 본질적으로 같다. 양자의 결정적인 차이는 개호보험방식은 보험료가 많든 적든 역진성을 피할 수 없다는 것이다. 상대적으로 조세의 경우는 공평성을 염두에 두고 배려가 가능하다.

재원을 조세로 조달하는 경우, 법인세·소득세 등의 직접세를 중요시하고, 일정 비율을 개호보장을 위해 특정 재원화할 필요가 있다.

개호보장재원으로서 직접세가 바람직한 이유는 다음과 같다. 소득세는 저소득자의 부담을 요구하지 않고, 고소득자일수록 부담이 가중되는 누진형의 소득비례부담식이 가능하고, 또 법인세의 경우 개인소득세 부담에 맞는 기업의 부담을 제도화할 수 있기 때문이다. 개호보험론자는 보험료 부담을 연대의 증거로 설명하지만 소득세와 법인세가 훨씬 더

이렇게 많든 적든 앞으로의 새로운 재원을 필요로 하는 이상, 소득세·법인세 삭감 등은 기본적으로 피해야만 한다. 왜냐하면 삭감분의 재원은 결국 다른 재원으로 조달되는 것이 되기 때문이다. 과세 최저한의 조정을 위한 세금삭감 정도의 소득세 삭감은 필요하지만 시민을 어리석은 자로 취급하여 그들의 관심을 사려고 하는 일반적인 삭감요구는 이제는 그만두어야 한다.

연대의 증거로 뛰어나다.

직접세의 일정 비율을 개호보장을 위해 특정 재원화하는 방법으로서, 구체적으로는 지방교부세에 준하는 방식을 생각할 수 있다. 지방교부세는 알려져 있는 것처럼 국세 3세(소득세·법인세·주세)의 32%, 국가의 소비세(소비세수稅收의 8할, 나머지 2할은 소비양여세로서 지방자치체에 교부됨)의 24%, 담뱃세 25%의 합계가 원칙적으로 지방교부세 재원으로서 '교부세 및 양여세 배부금 특별회계'로 이월되어 일정의 산식에 따라 기준 재정수요액이 기준 재정수입액을 넘는 자치체에 교부되는 형식이다.

지방교부세 방식에 준한다는 것은 재원조달의 수준에 소득세·법인세의 일정 비율을 법정화하고, 그것을 개호보장교부세로서 개호보장 특별계산에 이월하는 것이다. 이에 따라 개호보장의 재원을 안정적으로 확보하고 세금의 사용도를 명확하게 한다.

개호보장 목적세의 검토: 소비세의 취급

둘째, 소비세가 계속해서 존속한다면, 그것을 개호보장 목적세화하는 것을 검토할 필요가 있다. 이를 위해 먼저 소비세의 성격 등에 관한 논의를 정리해 두고자 한다.

소비에 대해 정률과세하는 소비세는 누진세율형의 소득세에 비교하면, 수직적 공평성이라는 점에서 열악하며 이론적으로 반드시 적절한 재원이라고는 말할 수 없다. 여기에 누진형의 소득세와 법인세 등의 직접세가 선호되는 이유가 있다. 그러나 다음과 같은 조건으로는 소비세(좀더 정확하게는 EC형 부가가치세)를 검토할 가치가 있다.

하나는 이른바 964구로용(クロヨン, トーゴーサンピン), 9 : 6 : 4라는 업종에 따른 소득파악률의 격차를 말한다. 세무서가 급여소득자의 9할을 파악한다면, 이에 비해 자영업자는 6할을, 농업소득자는 4할밖에 파악할 수 없다는 현상을 말한다. 10 : 5 : 3 : 1도 같은 의미이다. - 역자주 등으로 불리고 있는 업종간의 소득파악률 격차의 문제이다. 이러한 격차는 어느 정도 존재하고 있는 것일까? 통계적으로 계측하는 것이 어렵기는 하지만, 이러한 격차는 대중에게 드러나고, 이는 세금이 불공평하다는 느낌을 들게 하는 하나의 이유가 된다. 이러한 소득파악률 격차는 조세특별조치 등 현행 세금제도상의 구조에서 발생한 것과 징세기술상의 문제에서 발생한 것도 있지만, 어느 쪽이든 간에 이러한 의혹이 널리 존재하는 이상에는 파악하지 못한 부분의 소득에는 그 지출단계에 소비세를 부과하고, 작지만 파악하지 못한 부분을 보완하여 다소나마 공평성을 부분적으로 회복하려는 것은 일단 합리적 근거가 있다고 생각할 수 있다. 게다가 이 방식은 저소득자에 대한 배려 등 현행 소비세의 결함을 시정하면, 과세 전후 각 소득간의 상대적인 지위에는 변화가 없다. 이런 의미에서 그것은 중립적인 세금이고, 가령 업종간의 소득파악률 격차가 단순한 억측이며 실제로는 존재하지 않는 경우라 해도 실질적 손실은 적다.

따라서 소비세를 조세의 중심에 둔다는 선택은 논외이지만, 조정적인 것으로서 도입하는 것은 업종간의 소득파악률 격차가 있으나 없으나 의

혹에 대한 대응으로서는 있을 법한 선택이라고 할 수 있다.

또 하나는 사회보험료와 소비세를 비교할 때, 후자는 공평성이라는 시각에서 개선의 여지가 있고, 일정한 조건에서는 충분히 검토할 가치가 있다. 이 점에 대해서는 이미 10여 년 전부터 당시의 일반 소비세 도입론을 계속 비판하면서, 유보조건留保條件을 첨부하여 서술하였지만,▲ 다시 한 번 간단히 지적해두고자 한다.

사회보험의 보험료는 많든 적든 역진성이 있고, 공평성이 결여되어 있다는 결점이 있다. 이에 비해 소비세는 지출에 대해 비례적인 부담이 되고, 징수상한도 없기 때문에 고소득자층의 징수도 지출에 따라 가능해지고, 적어도 소득의 다과多寡를 반영하는 지출(소비)에 대해 역진성이 없고, 중립적이라고 할 수 있다.

따라서 ① 사회보험료를 대신할 재원으로서 소비세를 부과할 것, ② 소비세를 사회보장 목적세로 할 것 등의 조건에서는 사회보험료의 조세에 대한 전환형태轉換形態로서 소비세를 할당하는 것은 충분히 검토할 가치가 있다고 생각한다.

다만, 이를 위해서는 현행 소비세에 일정한 개혁이 필요하다. 현행 소비세는 생활필수품에도 과세를 하기 때문에 저소득자에게는 실질적으로 힘겨운 부담이 된다. 과세원칙의 하나가 최저생활비 비과세라고 한다면, 어떤 정률의 소비세라 하더라도 최저생활비 부분에까지 파고들어

▲ 里見賢治, 「복지재정론의 과제와 재원선택 기준」(『社會問題研究』 제35권 제2호, 1989. 3), pp.70-72.

가는 과세는, 실질적으로 그 부분에 대해서는 역진성을 동반하기 때문에 바람직하다고 할 수 없다. 따라서 식료품 등의 생활필수품에 대해 비과세 또는 제로세율을 적용하는 등의 조치가 필요하다. 게다가 현행 소비세는 간이과세제도 등의 결과로 소비자가 지불한 소비세가 납세되지 않고 업자에게 다시 돌아가 유보되는 이른바 익세문제를 제도적으로 피할 수 없다. 장부기록을 의무화하는 것 등의 EC형 부가가치세유럽공동체의 각국에서 실시된 간접세로 생산자로부터 소비자까지의 유통단계별로 가격의 증가분(부가가치)에 과세하는 것을 말함. 세액의 전가를 분명히 밝히고 중복과세를 피하기 위해 사업자에게 판매가격과 이에 대응하는 세액을 병기하여 송장(invoice)의 발행과 보관 등을 의무화하였다: 역자주 에 준하는 개혁에 의해 그러한 문제를 해소하는 것이 필요하다.

이상의 검토를 근거로 말하자면, 소비세를 개호보장 목적세로 하여 조세재원의 조달을 도모하는 것은 충분히 검토할 가치가 있다. 현행 소비세가 1989년에 도입될 즈음에 엄격하게 비판을 받았던 것은 저소득자의 부담경감조치가 없는 것과 역진성이 강하다는 것 등의 결함이다. 또 "고령화사회에 대비한다."라는 명목은 단순한 입발림에 지나지 않고, 실효성이 없다는 등의 이유가 있었다. 후자의 결함은, 소비세가 일반세로서 도입되면서 생긴 필연적인 결과이다. 사용도를 특정짓지 않는 일반세인 이상에는 "고령화사회에 대비한다."라고 아무리 말해도 소비세에서 복지를 위해 어느 정도 쓰였는지는 본래 문제가 되지 않기 때문이다. 사용도의 명확함이 앞에서 본 것처럼 시민이 개호보험방식을 지지하는 이유의 하나라면 세금의 경우에는 그것을 일반세가 아닌 개호보장 목적세로 도입하여 사용도를 명확하게 하는 것이 된다.

기업부담의 개호보장 특별세의 신설

셋째, 개호보장 재원에 대한 기업의 부담을 제도화할 필요가 있다. 기업부담 자체는 개호보험론자의 대다수가 인정하고 있기 때문에, 그 시비是非에 관해서는 논의의 여지가 없다. 따라서 조세를 재원으로 하는 공비부담방식의 경우에도 기업부담을 제도화해야 할 필요가 있지만, 소비세를 개호보장 목적세로서 특징짓는 경우는 소비세의 성질로서 기업은 그것을 최종적으로 소비자에게 전가해서 부담하지 않기 때문에 소비세액에 맞는 만큼의 기업부담을 별도로 제도화할 필요가 있다. 그 구체적인 형태에 관해서는 기업의 지불임금 총액을 과세표준으로 하는 방식(이른바 payroll tax), 또는 매상고賣上高를 과세표준으로 하는 방식을 제안한다.

개호보장의 소요 재원과 그 배분

공비부담방식에 의한 보편적 개호보장시스템의 구축을 위한 재원정책을 검토했지만, 구체적인 세율 등은 개호보장재원의 소요액을 어떻게 상정하는 가에 의해 결정된다. 후생성의 추정에 의하면 2000년 고령자개호의 사회적 비용은 7.7조 엔으로 추계된다. 이 가운데에 45%는 가족개호 비용이기 때문에, 공적개호보장시스템은 약 4.3조 엔의 재원을 필요로 한다. ☙ 그러나 이 시산은 너무 적다. 왜냐하면, 이것이 전제로 하는 것은 '신10개년 전략'의 정비목표치 정도이다. 그렇다면 보편적 개호 서비스를 위해 결정적으로 부족한 것은 이미 서술한 그대로이기 때문이다. 적어도 '신10개년 전략'의 정비목표치 정도를 2배 정도 높이는 것을 전제로 생각하면, 약 8조 엔 정도의 재원을 필요로 할 것이다. 이것을 앞에서 서술한 것처럼 조달한다고 하면 다음과 같이 생각할 수 있다.

1995년도 예산에 의하면, 소득세 21조 3,500억 엔, 법인세 13조 7,260엔, 소비세(세율 3%, 소비양여세분을 포함해서) 7조 4,750억 엔(현재는 소비세율 1%로 2.5조 엔의 세수)로 되어 있다. 이것을 기본으로 하여 생각하면, 예를 들면 소득세 · 법인세(계 35조 엔)의 10%를 개호보장특정재원으로서 3.5조 엔, 소비세율 1%를 개호보장 목적세화하는 것으로 2.5조 엔, 개호보장목적세로서의 소비세에 맞는 기업부담으로서 개호보장특별세를 새롭게 법정하는 것으로 2.5조 엔, 모두 8.5조 엔이 된다. 만약 필요재원 총액을 후생성에서 상정한 대로 4.3조 엔으로 생각한다면, 상기의 수치를 반감해서, 소득세 · 법인세의 5%, 소비세율 0.5% 및 그것에 맞는 기업부담의 개호보장특별세로 생각하면 된다. 여기서 말하는 수치는 어디까지나 하나의 안案이지만, 공비부담방식의 재원정책이 충분히 구상 가능한 것으로 이해될 것이다.

또한 제27회 노인보건복지심의회(1995. 12. 20)에 후생성 고령자개호

☙ 「시스템연구회보고」 참고자료에 의함.

표 11_신개호시스템에 있어서 고령자개호비용의 추계(개략한 시산, 후생성)

(단위: 조 엔)

	비용	2000년			2005년	2010년
		케이스A	케이스B	케이스C		
	총비용	4.6	4.3	4.0	6.4	9.2
단가 신장률 2%의 경우	재가	1.5	1.2	1.0	2.6	4.8
	시설	3.0	3.0	3.0	3.8	4.4
	특별양호노인홈	1.1	1.1	1.0	1.4	1.6
	노인보건시설	1.0	1.0	1.0	1.3	1.5
	요양형병상군 등	0.9	0.9	0.9	1.2	1.3
	총비용	4.8	4.4	4.1	7.0	10.5
단가 신장률 3%의 경우	재가	1.6	1.3	1.0	2.9	5.5
	시설	3.1	3.1	3.1	4.1	5.0
	특별양호노인홈	1.1	1.1	1.0	1.5	1.8
	노인보건시설	1.1	1.1	1.1	1.4	1.7
	요양형병상군 등	1.0	1.0	1.0	1.2	1.5
	총비용	5.0	4.6	4.3	7.6	12.1
단가 신장률 4%의 경우	재가	1.7	1.4	1.1	3.2	6.4
	시설	3.3	3.3	3.2	4.5	5.7
	특별양호노인홈	1.2	1.2	1.1	1.6	2.1
	노인보건시설	1.1	1.1	1.1	1.5	1.9
	요양형병상군 등	1.0	1.0	1.0	1.3	1.7

※ 비고: 1. 이 시산결과는 이용료를 포함한 고령자개호비용의 총비용을 추계한 것이다.
2. 위 추계의 단가신장률은 단순히 설정한 것이고, 국민소득과의 관계를 고려한 것은 아니다.
3. 이 시산은 그룹홈, 지역리하빌리테이션/개호수당 등에 관한 비용은 반영되어 있지 않음. 또한 리하빌리테이션의 추진에 의한 요개호고령자 등의 감소와 서비스모델(전형적인 케이스)을 기본으로 하고 서비스의 충실에 의한 요개호도의 경도화(輕度化)에 대해서 그 비용효과는 반영하지 않음.
4. 요개호고령자의 서비스정비율은 시설에 대해서는 100%, 재가에 대해서는 2005년에 60%(충족률 100%), 2010년에 80%(충족률 100%)가 된다고 가정을 하고 있다.또 2000년도의 재가개호서비스 정비율에 대해서는 케이스A는 50%(충족률 83%) 케이스B는 40%(충족률 67%)에 이른다고 가정하고 있다. 또한 2000년도까지는 신골드플랜 기반정비를 하기로 한 케이스C로 가정하고 있다(2000년도까지는 서비스모델(전형적인 케이스)및 특별양호노인홈 직원배치 기준의 개선을 고려하지 않은 케이스).
5. 단수처리(사사오입) 관계로 숫자가 일치하지 않은 경우가 있다.

※ 자료: 「신개호시스템에 있어서 고령자개호비용 및 기반정비량의 장래추계(개략한 시산)」(제27회 노인보건복지심의회 배포자료) p.3.

대책본부 사무국이 제출한 「신개호시스템에 있어서 고령자 개호비용 및 기반정비량의 장래 추계(개략한 시산)」를 본고 탈고 후에 접했기 때문에 여기서 간단히 보충해두고자 한다.

〈표 11〉에서 알 수 있듯이 고령자 개호비용은 2000년, 2005년, 2010년에 대하여 단가의 신장률을 2%, 3%, 4%의 3개의 케이스로 나누어 추계하였다. 이에 따르면 2000년의 개호비용은 어느 쪽이든지 '신10개년 전략'을 전제로 한(케이스C), 또는 그것을 약간 초과한 것을 전제로 하여 시산하였다(케이스A, 케이스B). 이 경우, A 유형으로 재가개호서비스의 정비율은 50%, B 유형은 40%이다. 따라서 C 유형은 더욱 낮은 정비율이기 때문에 앞에서 서술한 것처럼 2000년의 개호비용을 8.5조 엔 정도로 상정하는 것은 결코 과대한 것이 아니라는 것을 알 수 있다.

환상의 탈각: 진정한 보편적 개호보장시스템으로

이러한 조세재원의 조달에 대해서 개호보험 방식론자의 대부분은 시간이 지나치게 많이 걸려서 합의를 얻을 수 없는 비현실적인 제안이라고 비난한다. 그러나 이러한 비난이 타당하다면, 그 비판은 개호보험론자 자신에게도 해당한다. 왜냐하면, 그들도 또한 개호보험료 부담의 배분방법(보험료 부담자층을 어떻게 할 것인가? 정액보험료로 할 것인가? 정률보험료로 할 것인가? 기업부담을 어떻게 할 것인가 등)을 아직도 분명하게 결정하지 못하고 있을 뿐만 아니라 보험료 이외의 큰 공비부담을 상정하고 있으며, 그 재원을 분명히 하는 것이 급하기 때문이다. 널리 알려져 있는 것처럼 개호보험론자의 대부분은 2분의 1정도의 공비부담을 포함한 개호보험을 구상하고 있고, 그것은 거의 공통 인식으로 되어가는 것 같다. 이 2분의 1의 공비를 개호보험론자는 어떻게 조달할까?

이상에서 밝힌 것처럼 조세재원의 조달은 반액인가, 전액인가의 차이는 있어도 개호보험방식의 경우나 공비부담 방식의 경우 모두 중대한 문제이다. 여기에 서술한 제안을 어느 쪽이든 간에 신중히 검토하는 것이 필요하다.

또한 이상의 검토와 관련하여 지적해두고 싶은 것은 개호보험료에 대한 개호보험론자의 견적에 관해서이다. 대부분의 경우 그것은 후생성 시산의 4.3조 엔을 전제로 하고 있고, 그 반액을 공비에서 부담하는 것을 가정하며, 남은 반액을 개호보험료로 하고, 기업부담 등을 고려하지 않는 경우의 기계적 시산으로서 전 국민에게 부담하는 경우, 보험료는 월액 1,400엔, 20세 이상의 국민에게 부담하는 경우, 월액 1,800엔, 40세 이상의 국민에게 부담하는 경우, 월액 2,800엔, 고령자에게만 부담하는 경우는 월액 8,300엔 등으로 되어 있다. ♣ 「일본경제신문」은 20세 이상이 부담하는 경우 2,500엔, 65세 이상에게만 부담하는 경우, 1만 2,000엔을 예상하였다. ♣♣ 그리고 대부분의 경우, 이러한 시산을 제시하는 것으로

♣예를 들면, 오카모토유우조 감수 「공적개호보험의 모든 것」(전게, p.39) 이케다쇼우죠도 완전히 동일한 시산의 「개호보장시스템과 사회보험방식」(미공개, 1995. 10)을 소개하고 있다.
♣♣♣『日本 經濟新聞』 사설 「개호보험 도입 전에 서비스를 공개하라」(전게).

표 12_인구 1인당 고령자개호 비용액 추계(개략한 시산: 후생성)

(단가신장이 3% 일 경우)

			전 국민으로 할 경우	20세이상으로 할 경우	40세이상으로 할 경우	65세이상으로 할 경우
2000년도	인구 수(만 명)		12,700	10,100	6,500	2,200
	총비용(조 엔)	케이스A	4.8	4.8	4.8	4.8
		케이스B	4.4	4.4	4.4	4.4
		케이스C	4.1	4.1	4.1	4.1
	1인당 월액(엔)	케이스A	3,100	3,900	6,100	18,000
		케이스B	2,900	3,700	5,700	17,000
		케이스C	2,700	3,400	5,300	16,000
2005년도	인구 수(만 명)		12,900	10,300	6,800	2,500
	총비용(조 엔)		7.0	7.0	7.0	7.0
	1인당 월액(엔)		4,500	5,700	8,600	24,000
2010년도	인구 수(만 명)		13,000	10,300	7,100	2,800
	총비용(조 엔)		10.5	10.5	10.5	10.5
	1인당 월액(엔)		6,700	8,500	12,000	32,000

※ 비고: 1. 고령자개호비용(이용료를 포함한 총비용)을 각각의 인구로 단순하게 나눈 경우의 기계적 시산임.
2. 단수처리(사사오입)관계로 숫자의 합계가 일치하지 않을 수도 있다.
※ 자료: 〈표 11〉과 같은자료, p.8.

이 정도 부담이라면 가능하다는 것을 언어 외의 표현으로 주장하는 경우가 많다.

그러나 거기에는 다음과 같은 문제가 있다. 첫째, 그 시산은 후생성의 시산 4.3조 엔(2000년)을 전제로 한 것이기 때문에, 너무나 낮다. 둘째, 너무나 낮은 후생성 시산인데다 거기서도 반액인 보험료 부분만의 수치이고, 그 외의 반의 공비부담 부분은 조세부담으로서 가산된다. 셋째, 개호에 필요한 비용은 앞으로는 더욱 상승할 것이다. 따라서 이러한 시산은 시산자의 의도가 아니더라도, 개호보험료 부담을 지나치게 적게 표시하기 때문에 신중한 주의가 필요하다. 역으로 말하자면, 개호보장의 비용을 보험료로서 부담할 것인가, 조세로서 부담할 것인가는 거시적으로는 거의 같기 때문에 개호보험방식론자가 말하는 것처럼 보험료부담이 그 정도로 경미하다면, 그것을 조세로서 부담해도 동일하고, 특히 개호보험방식의 우위성의 논거는 되지 않는다. 제27회 노인보건복지심의회에 제출된 「인구 1인당 고령자 개호비용액의 추계(개략한 시산)」도 앞의 〈표 11〉(단가의 증가가 3%일 경우)의 수치를 인구수로 나누고, 각 경우의 1인당 부담액을 산정하고 있다(표 12).

또한 앞에서 볼 수 있듯이 1인당 정액부담액의 시산은, 종래는 기계적 시산이었고, 정액보험료제의 선택을 의미하지 않는다고 되어 있지만, 앞의 〈표 8〉에는 A형·B형 모두, 고령자에 대해서는 정액보험료, 고령자 이외의 연령층은 정액부담으로 표시하고, 정액제가 되는 것이 유력해지고 있다. 이것에 관해서는 소득비례부담을 가미하는 등의 의견도 노인보건복지심의회 내부에서는 있는 것 같지만, 사무국은 보험료 설정에 관해서 보험료 자체 수준의 논의와 함께 현재로서는 정액으로 하고, 앞으로 보험료 액수가 상승하면 소득비례도 생각할 수 있다(제4회 제도분과회의사록, p.6)라고 서술하고, 당면은 정액이라고 단정적으로 언급했고, 그 방향으로 진행할 가능성이 크다. 그러나 이것은 최악의 선택이다. 왜냐하면, 정액부담이야말로 역진성의 으뜸이기 때문이다. 문제는 보험료의 많고 적음이 아니고 제도설계에 있다. 보험료 수준이 낮기 때문에

'당면은 정액'이라는 것은 언뜻 보아서는 당연하다고 생각되지만, 오히려 반대이다. 이러한 생각은 정액제가 바람직하지 못한 것을 알면서 보험료 액수가 낮기 때문에 분명히 허용할 수 있을 것이라는 생각이다. 여기서는 왜 바람직하지 못한 정액제를 보험료가 낮다는 이유로 선택하지 않으면 안 되는가를 생각해야 한다. 그것은 정률제의 도입에 저항이 있다는 판단 때문일 것이다. 정률제의 도입에 저항이 있는 것이 사실이라면, 보험료가 높아진 단계에서 정률제를 선택한다는 것은 더욱 곤란하고, 앞으로는 소득비례도 생각할 수 있다는 발언은, 단순한 임시방편적인 빈말에 지나지 않는 것이다. 오히려 정률제 도입을 생각해야 할 시기였다.

보험료 부담 등이 정액제로 된다는 것은, 결국 큰 목소리의 저항과 타협하는 것이 드러난 것이다. 좀 더 나은 개호보험을 추구했어야 하지만, 최악의 선택에 도달한다는 파라독스가 여기에도 계속 지배적이다. 그러나 이 파라독스는 어떤 의미에서 필연적이라고 말하지 않을 수 없다.

이상으로 공적개호보장시스템을 공비부담 방식으로 구축하기 위한 재원정책의 기본적인 검토는 끝났지만, 아직 남은 문제를 간단히 언급하고자 한다.

첫째, 이러한 조세재원 정책의 검토는 시간이 너무 걸리므로, 일각이라도 빨리 정비를 필요로 하는 고령자들은 기다릴 수 없다는 비판이 있다. 얼핏 보기에는 당연한 비판처럼 들리지만, 그토록 문제가 절박한 것은 지금까지 개호욕구에 대응해오지 않았던 정책측의 책임이고, 그에 대한 반성이 없었다고 말할 수 있다. 공비부담방식인가, 개호보험방식인가의 논의가 끝날 때까지 개호서비스의 정비를 기다릴 필요는 없다. '노인보건복지계획', 혹은 '신10개년 전략'을 앞당겨 조기 실시하여 개호서비스의 양적 · 질적 정비를 서두를 필요가 있는 것은, 방식의 여하를 막론하고, 당연히 긴급하다. 따라서 기다릴 수 없다는 등의 비판은 개호보험 방식의 우위성을 증명하지도 않은 채 사실이라 전제하고 이에 대한 비판을 금지하기 위한 위협으로 이용한다고 의심하지 않을 수 없다.♠

둘째, 공비부담방식의 우위성을 인정하면서도 이를 "책임성을 가지고 제기하고 실현할 정당이 없다."는 이유로 개호보험 방식이 차선의 선택이라는 것은 주로 구 북유럽론자의 견해이다. 확실히 일본의 현실은 이러한 견해가 타당할지도 모르겠다. 그러나 여론에 영향을 주고, 그 전환을 위하여 소재를 제공해야 하는 입장인 연구자나 실천가가 자신의 주장이나 이념이 현실가능성이 없다는 이유로 그것을 모른 체하고 다른 선택을 옹호하는 것이 과연 진지한 태도일까? 개호보험론자의 대부분은 오히려 오피니언 리더로서 저명한 사람도 많기에 그들의 주장을 타협하지 않고 솔직하게 제기한다면 그 영향력은 클 것이다.

시민은 그 정도로 어리석지 않으며, 시민의 견실함을 신뢰해야 할 것이다. 개호의 사회적 · 공적 보장을 요구하는 여론이 절실하면 할수록,

---

♠ 이러한 위기감을 부추기고, 결과적으로 개호보험에 대한 비판을 봉쇄하는 것 같은 '기다릴 수 없다' 론은 개호보험론자에게 종종 눈에 띄지만, 여기서는 전형적으로 야마이카즈노리(山井和則)의 발언(오카모토유우조 감수, 「공적개호보험의 모든 것」, pp.168-169, 동 「개호재원은 보험쪽이 현실적」, 『조선신문』 논단, 1995.7.27), 및 야마사키야히코의 발언(유니벨재단 세미나 보고서, 「공적개호보험으로 일본인의 노후를 안심할 수 있을까?」 1995. 9. p.66)를 들고 있다.

그 여론을 배경으로 안이하게 타협하지 않고, 국민적 합의 형성에 전력을 기울여야 하지 않을까? 오늘날까지의 역사는 이른바 현실적 판단의 타협이 결과적으로 전례답습적, 현상추인적인 타협에 일관해서 화근을 남겨온 예가 너무 많아 헤아릴 수가 없을 정도이다.

오늘날 문제는 정말로 연구자나 실천가 각각의 사상과 이론이다. 그것을 무시한 채 '국민적 합의' 등으로 도망칠 때가 아니다. '국민적 합의' 앞에 자신의 주장이 어떠한 '국민적 합의'를 향하고 있는가가 문제이기 때문이다.

이미 서술한 것처럼 공적개호보장시스템은 21세기의 사회보장제도의 전체에 연동하는 중요한 선택이다. 안이한 '현실적 선택' 등에 의해 그 선택을 잘못해서는 안 된다. 21세기의 성숙사회에 있어서 그것은 자조를 전제로 한 사회보장으로 확립시켜야 할 것이다. 그 전망에는 공비부담 방식에 의한 보편적 개호보장시스템을 구상하는 것이 필요하다.

보편적 개호보장시스템의 구축을 위해서도 철저한 논의가 필요하다. 그것은 공적개호보장시스템의 구축에 '기다림의 시간'을 두는 것이 아니라 21세기의 사회보장제도의 실체를 구상하기 위하여 불가결한 논의임을 다시 한번 강조하고자 한다.

자조의 전제로서의 사회보장에 관해서는, 사토미켄지의 「일본의 사회보장을 어떻게 이해하는가?」(전게), 제3장을 참조하시오.

본 서를 정리함에 있어서 오사카부립대학 사회복지학과 자료실의 스즈키노리코(鈴木範子)와 스다야스코(須田泰子)는 내가 원하는 방대한 자료의 수집과 문헌검색을 위해 대단히 많은 협력을 해주었다. 또 이케다쇼우조(지방자치종합연구소)와 야나기하라후미타카(柳原文孝)(오사카 지방자치연구소센터)는 입장은 다르지만 여러 가지 유익한 교시(教示)를 해주었다. 이를 기록함으로써 사의를 표하고 싶다.

(보족) 노인보건복지심의회 「신고령자개호제도에 대하여(제2차 보고)」에
　　　대한 논평

　이 「제2차 보고」(1996년 1월 31일)는 「제2차 중간보고」에 해당하는 것
이기 때문에, 개호보험의 제도설계와 비용부담에 대한 제도분과회의 논
의의 개요를 별지로서 보고하는 것에 머물고, 개호서비스 급여와 그 기
반정비에 대해서 보고한 것이다. 그 내용은 본서가 지금까지 소개한 것
과 거의 같기 때문에 특별히 수정할 필요는 없다. 굳이 그 특징을 살펴보
면, ① "초로기 치매 등의 치매성 노인은 '고령자'로 가정한다."라고 한
것(다만, 몇 세 이상을 고령자로 할 것인가에 대해서는 여전히 언급하지
않았다), ② 개호급여의 내용·범위는 재가서비스에는 홈헬프서비스,
주간보호서비스, 재활서비스, 단기보호서비스, 방문간호서비스, 복지용
구서비스의 6종류를 확정하고, 다른 서비스도 검토 중이라고 한 것, 시설
서비스는 특별양호노인홈, 노인보건시설, 요양형 병상군 등을 대상으로
한 것, ③ 허약노인에 대한 가사원조서비스는 "명확한 기준을 설정한 후
에 (중략) 급여대상으로 해야만 한다."(5항)로 명확하게 한 것, 다만 그 수
준은 참고1에서 제시된 서비스 모델〈표 9〉로서 이미 검토한 것처럼 빈
약한 것이다. ④ 서비스 모델, 서비스이용프로세스, 개호비용 및 기반
정비량의 장래추계, 재활체제 등에 관해서는 분과회 자료가 각각 참고
자료로서 보여주고 있다. 그 엣센스는 이미 〈표 9~12〉 및 〈그림 2〉에 소
개하였다.

개호보험의 제도설계는 난항을 겪고 있고, 최종답신의 과제이지만 후생성은 시정촌주체안(앞의 〈표 8〉의 A안)의 방향으로 굳히고 있는 것 같다. 이상을 보족으로 하고, 금후의 논의를 기대한다.

개호보험은
선두주자인가?

-미완의 개호보험-

들어가는 말

■ ■ ■

개호보험법은 현재 부칙 제2조 규정에 의해 시행 5년이 지난 개정 시기에 해당한다. 지난 2월 8일 재구성된 법안이 「개호보험법 일부 개정 법률안」으로서 국회에 제출되었다. 개정된 구체적인 내용에 관해서 필자는 그 무렵 별고♣에서 검토했기 때문에 여기서는 시각을 달리하여 개호

♣ 사토미켄지의 다음 논문들을 참조. 「사회보험시스템의 동요와 공적개호보장 - 개호보험개정의 논점」(上, 下)(『社會保險旬報』 No.2213, 2004. 7. 11., No.2214; 7. 21., 사회보험연구소), 「개호보험의 재정문제」(『월간자치연』 No.542, 자치연중앙추진위원회, 2004. 11); 「고령사회의 사회보장 - 개연금 · 개의료 · 개복지 · 개보호 추구를 위하여」(『消費者情報』 No.359, 관서소비자협회, 2005. 3); 「개호보험 5년차의 검증- 그 한계와 과제」 카와이카츠요시(河合克義) 외 편, 『2005년 일본의 복지 논점과 과제』(靑木書店, 2005) 등.

보험의 근본적인 문제를 검토하기로 한다.

개호보험은 일본 사회보장제도의 의료 · 연금 · 실업(고용) · 노동재해에 이어서 5번째의 사회보험으로서 창설되었다. 이 구상이 등장한 처음부터 개호보험은 이 구상의 추진론자에 의해 사회보장구조 개혁의 첨병, 혹은 선두주자로 인정되었다. 한편 1997년 12월에 성립되었고 2000년 4월부터 시행된 개호보험이 사회보험으로서는 미완성이라는 것도 잘 알려진 사실이다. 한편에선 사회보장구조 개혁의 선두주자이고, 다른 한 편으로는 사회보험으로서는 미완성이라는 갭이 개호보험의 본질적인 성격과 약점을 내포한다고 할 수 있다.

개호보험 추진론자들이 사회보장구조 개혁의 선두주자로서 개호보험에 기대했던 것은 구체적으로 다음과 같다고 생각할 수 있다. 첫째, 다섯 번째의 사회보험으로서 공적개호보장에 개호보험을 도입한 것에 의해 사회보험시스템에 신풍조를 일으켜 사회보험을 활성화할 것이다. 둘째, 공동화현상空洞化現象을 방지하기 위한 보험료의 새로운 징수시스템(연금에서 원천징수하는 시스템 등)의 도입이다. 셋째, 고령자를 독립된 피보험자 집단으로서 평가하고 그 보험료부담을 강요하는 것이다. 넷째, 급여수준을 억제하는 구조로서 요개호도별 단계적 정액제를 채택한 것이다. 다섯째, 정률제 이용자부담을 채용한 것이 다른 사회복지서비스에서도 같은 구조를 적용시킬 돌파구가 된 것 등이다. 이러한 점을 이번의 재구성과 관련시켜 검토해보고자 한다.

사회보험시스템은 활성화되었는가?

■ ■ ■

개호보험이 다섯 번째의 사회보험으로서 사회보험시스템의 신풍조를 일으키리라 기대한 데에는 다음과 같은 사정이 있다. 그 당시 이미 사회보험시스템은 심각한 한계를 드러내고 있었다. 예를 들면, 국민연금 제1피보험자의 보험료 체납률은 최근 37% 전후라는 상황보다 좋아졌다고는 하지만 1995년도에 이미 17.1%에 이르렀고, 면제율은 17.6%(법정면제율 4.6%, 신청면제율 13.0%)를 더하면 제1호 피보험자의 거의 3분의 1이 보험료를 내지 않는 상황이었다. 이러한 사태는 정도 차이는 있지만 국민건강보험에서도 같은 양상을 띠고 있으며, 같은 시기(1995년) 체납률(금액기준)은 5.68%(2003년은 9.8%)이었다. 이러한 체납률 상승은 무연금자·무보험자를 재생산하는 중대한 것이기 때문에 개연금·개보험 체제의 공동화空洞化라고 해도 과언이 아닌 상황이다. 사회보험이 사회보장을 실현하는 시스템으로서 유효한지 아닌지 의심스럽고, 심각하게 동요하고 있다는 것이다. 이런 가운데, 개호보험이 새롭게 5번째의 사회보험으로써 등장한 것은, 사회보험을 둘러싼 공동화의 막중하고 부담스런 분위기를 전환시킬 수 있다는 기대를 걸기에 충분했다.

개호보험은 이런 기대에 대응할 수 있는 것일까? 어떤 부분에서는 대응할 것이고, 어떤 부분에서는 기대 이상으로 대응하지 못할 것이다. 이러한 이면적인 평가를 하지 않을 수 없는 사정을 서비스 이용방식의 변경(이른바 조치에서 계약으로)과 공동화문제로 나누어 검토해 보기로 한다.

실시 후 5년간의 개호보험 상황을 보면 요개호(지원)인정자수는 2000년 4월에 218.2만 명에서 2004년 10월에 4,040만 명으로 1.85배 증가하였다. 그 가운데 실제 보험 이용자는 거택개호·시설개호를 포함해서 2000년 4월 149.0만 명에서 2004년 8월에 316.7만 명으로 2.13배로 증가했다(『개호보험사업보고월보』(잠정판)에 의함). 이러한 상황을 보면 개호보험은 개호욕구를 발견함으로써 기능을 발휘했다고 평가할 수 있다. 이런 사실을 보면 개호보험의 성공을 떼어두고 이야기하는 경향이 있지만 그것은 약간 경솔한 생각이다. 개호보험은 분명히 욕구 발견이라는 점에서는 '성공' 했지만, 이 정도의 '성공' 은 이용조건을 완화하고 소요재원을 확대하면 어떤 의미에서 당연히 기대할 수 있는 것이다. 가령 공비부담 방식(세금방식)으로 실시했다고 해도 같은 결과 혹은 그 이상으로 달성 가능한 것이다. 개호보험이 사회보험시스템을 채택했지만 그렇기 때문에 획득한 '성공' 은 아니기 때문이다.

그럼에도 불구하고 이러한 '성공' 을 개호보험에 의해 실현했다고 하는 조치에서 계약방식으로의 이행과 결부시키는 경향이 많은데, 확실히 해두기 위해 거듭 언급하기로 한다. 이미 별고◆에서 지적한 것처럼 현실의 조치제도는 후생성(당시)이 오랫동안 권리성이 없는 행정처분의 한 형태로서 자리매김했고 실제로 그렇게 운용했기 때문에 행정재량이 이용자의 서비스이용 면에서 크게 억제작용을 했다는 것은 부정할 수 없다. 그러나 공비부담방식의 전부가 이러한 행정처분형 조치제도형만이 있는 것은 아니다. 이용자의 권리성을 명확하게 하고, 계약형 이용방식이 가능하게 된 것, 바꿔말하면 계약방식은 개호보험의 전매특허가 아니라는 것은 분명하다. 그것은 2003년부터 실시된 장애인 지원비제도가 권리성 면에서 여전히 문제가 있다고는 하지만, 공비부담방식에서도 계약방식이 가능한 것을 실제로 보여주었다.

더욱 심도 있게 말하자면 공동화空洞化문제에 대해서도 개호보험은 눈에 띄는 성과를 올리지 못하였다. 왜냐하면 개호보험 도입 후에도 국민

◆ 里見賢治, 二木立, 伊東敬文, 『公的介護保險に異議あり - もう一つの提案 -』(ミネルヴァ書房, 1996. 증보판, 1997. 제1부), 里見賢治, 『개호보험법의 성립』(一番ケ瀨康子, 1997.), 里見賢治외 편저, 『사회보장 · 사회복지대사전』(旬報社, 2004., 제3부 Ⅱ편[Ⅱ] 제1장 4) 참조.

연금과 후생연금, 국민건강보험을 비롯하여 의료보험 등의 공동화空洞化는 더욱 진행되었고, 멈출 줄 모르기 때문이다. 이러한 공동화는 정도는 낮다고 하지만 개호보험의 경우에도 당연히 진행되고 있다. 개호보험 제1호 피보험자의 보험료는 월액 1만 5천 엔 이상의 노령연금수급자에게도 연금에서 특별징수되고 있기 때문에 징수율은 원칙적으로 100%이다. 특별징수할 수 없는 자에 대해서는 본인 또는 연대납부 의무자로부터 개별징수(보통징수)된다. 이 보통징수 체납률이 연대납부 의무자로부터 징수하고 있는데도 불구하고 2000년도에 6.8%에서 2002년도는 8.1%로 점점 상승하고 있는 것이다. 더욱이 제2호 피보험자(40~65세 미만의 의료보험가입자)의 보험료는 의료보험료에 추가로 징수되고 있지만 이것도 의료보험의 공동화의 영향을 직접 받게 되고, 의료보험과 똑같은 사태가 발생할 우려가 있다. 현재는 제2호 피보험자의 보험급여는 특정 질병을 원인으로 하는 요개호에 한정하고 있기 때문에 보험급여상의 공동화 영향은 비교적 적고, 재원 면의 공동화(재원의 감소)에 그치지만 피보험자 대상연령을 내리게 되면 그 모순은 급여면을 포함해서 확대될 것이다.

결국 개호보험은 개호욕구를 발견하는 기능은 했지만 사회보험의 향상에는 기여하지 못했다. 오히려 심화되는 사회보험의 공동화현상에 개호보험을 끌어넣은 것이라고 할 수 있다. 이는 다음에서 보이는 것처럼 금번 개정에서도 여기저기 나타나고 있는 사태이다.

보험원리는
보강된 것인가?

**연금 원천징수의
성공과 실패**

둘째, 공동화를 막기 위한 제도적 방안으로서 등장한 새로운 보험료 징수방식은 어떠한가? 개연금 · 개의료체제의 공동화는 보험료의 미납, 체납으로 드러나고 있다. 이것을 최소한으로 억제하기 위한 제도적인 연구에 힘을 기울였다고 한다. 예를 들면, 개호보험 제1호 피보험자에 대해서 보험료의 징수는 처음으로 연금으로부터 원천징수(특별징수)를 채택한 것과 함께 원천징수할 수 없는 자에게는 보통징수(개별징수)

할 때 징수율을 높이기 위하여 연대 납부의무자(세대주, 배우자)를 정하여 징수하는 구조를 선택했다. 또 제2호 피보험자를 의료보험 가입자에 한정하는 것과 함께 의료보험료에 추가로 징수하는 것을 가능하게 하는 등 특히 징수비용이 들지 않는 징수구조를 채택한 것이다. 이러한 구조는 기능발휘를 한 것일까? 제2호 피보험자의 의료보험료에 추가되는 것에 대해서는 의료보험 공동화空洞化 동향의 영향을 전면적으로 받는 점을 이미 서술하였다. 문제는 제1호 피보험자에 관해서이다.

제1호 피보험자의 연금원천징수에 의한 보험료징수는 츠츠미슈죠堤修三가, "개호보험이 잘 운영되고 있는 것은 85%는 연금에서 보험료를 원천징수하기 때문이다."라고 솔직하게 인정하는 것처럼[*], 그 좋고 나쁨은 별개이고, 보험료의 확실한 징수라는 점에서는 효과를 발휘했다. 그러나 보통징수의 경우 체납률이 점점 상승하고 있는 상황이다. 이 때문에 금번 개호보험의 개정에서 특수징수(연금에서 원천징수)의 범위 확대가 제안되었다. 즉, 현행제도에는 월액 1만 5천 엔 이상의 노령연금에서 원천징수하는 것으로 한정되어 있지만, 장애연금 · 유족연금까지 원천징수를 확대하는 것이다. 이렇게 하는 것이 현재 보통징수로 되어 있는 장애연금 · 유족연금 수급자도 연금에서 원천징수하는 대상이 되고, 징수율이 좋지 않은 보통징수 대상자를 축소하고, 전체적인 징수율을 높일 수 있기 때문이다.

---

[*] 「젊은 연구자와 행정관의 사회보장개혁에 대한 토론」(『社會保險旬報』 No.2181, 2003. 8. 21., 社會保險 研究所, p.25)에서 츠츠미슈죠 사회보험청장관(당시)의 발언.

이렇게 연금에서 원천징수하는 범위를 확대하면 그만큼 자동적으로 강제 징수하는 범위가 증가하기 때문에 보험료 징수율이 높아지는 것은 분명하다. 그러나 애초에 너무나 적은 1만 5천 엔 정도의 연금수급자들에게도 원천징수하는 것은 키타무라에츠시北田村悅史도 언급한 것처럼 '악독한 일'▲이다. 그것을 더욱이 장애연금·유족연금까지 확장하는 것은 문제를 더욱 심각하게 하는 것이기 때문에 도저히 지지할 수 없다. 그것도 개호보험에서 처음으로 도입된 연금에서 원천징수하는 보험료의 징수방법이 이후의 다른 제도에도 도입될 수도 있다는 것을 생각하면 더욱 심각하다.

현재 검토 중인 의료보험제도 개혁에 3가지 검토항목의 하나인 고령자의료제도에 관하여 75세 이상 후기고령자에 대한 고령자독립의료보험제도의 신설이 구상되고 있다. 그 재원은 고령자 자신의 보험료, 공비부담, 현역세대의 사회연대적인 보험료에 의해 조달한다고 되어 있지만 이 고령자 자신의 보험료에 대해서 개호보험과 동일하게 연금에서 원천징수하는 것이 당연한 것이라고 말하는 상황이다. 그러나 연금은 요술방망이가 아니다. 차후에 상승이 예상되는 개호보험료에 이어서 고령자독립의료보험제도의 보험료까지 연금에서 원천징수를 하면, 연금에서 거의 남을 것이 없는 사람이 속출할 가능성이 있다. 후생노동성 시산의 예는 고령자독립의료보험의 평균보험료는 8만 7천 엔(월액 7,250엔) 정

▲키타무라에츠시, 「사회보험의 통합은 이룰 수 없는 꿈인가 - 사회보험의 1세기와 그 최종코너(2)」(『社會保險旬報』 No.2106, 2001. 8. 1., 社會保險研究所, p.20). 그는 당시 내각부경제사회부종합연구소 총괄 정책연구관이었다.

도로 생각하고, 개호보험료 평균액을 가산하면, 실제로 월액 1만 엔 이상
이 연금에서 원천징수되는 것이 된다. 바로 '악독한' 제도가 된다고 할
수 있다.

고령자 독립 피보험자 집단화의 공과 죄

셋째, 고령자를 독립된 피보험자집단으로서 단정하려 했던 것이다. 종래의 일본 사회보험의 고령자는 연금보험에서는 이미 갹출을 끝낸 집단이다. 고용보험, 노동재해보험에서는 사실상 대부분의 사람은 대상 외였고 피보험자집단으로서는 어느 쪽에도 속하지 않았다. 실제로 피보험자로서 등장한 것은 의료보험뿐이었다. 의료보험에서도 국민건강보험 가입자는 피보험자였지만 고령자가 피용자보험의 피부양자가 되는 경우는 피보험자가 되지 않는다. 이런 상황에 대하여 고령사회 속에서 이후에도 고령자와 관련된 사회보장 경비가 증가함에 따라 그 비용부담을 고령자에게 요구하기 위하여 고령자를 하나의 피보험자집단으로 자리 매김해야 한다는 생각이 강력하게 주장되었다. 그리고 그것을 보강하기 위해 고령자를 저소득 피보호집단으로 보는 것이 아니고 고령자의 소득 수준은 현역세대와 비교해도 손색없는 수준이라는 '풍요로운 고령자' 론이 강조되었다. 이런 상황을 배경으로 새로운 개호보험에서 고령자는 예외 없이 피보험자로 제도설계 되었다. 65세 이상자는 제1호 피보험자 로서 5단계의 단계적 정액제의 보험료를 부과하도록 하였다.

고령자를 소득의 유무에 관계없이 독립된 피보험자집단으로 하는 개 호보험의 구상은 현재 구상되고 있는 고령자 독립의료보험안에 대해서 도 문자 그대로 응용하려 하고 있다. 그 의미는 개호보험이 채택한 고령 자 독립피보험자 집단화는 좋고 나쁨은 별개로 하되, 파급 효과가 있다 할 수 있다.

또한, 이러한 고령자의 위치는 제도를 세대단위로 설계하든 개인단위 로 설계하든 간에 개인단위설계를 의미하는 것이다.

제도의 개인 단위화는 사회보험인가 아닌가는 별개 문제이나 사회보 장의 수급권 확립이라는 의미에서 앞으로 제도설계의 기본적 방향이라 고 할 수 있다. 굳이 부가설명을 하자면 개인 단위화를 반드시 사회보험 시스템의 전제로서 설계할 필요는 없다. 오히려 원칙적으로 공비부담방 식(조세방식)으로 실현하는 쪽이 바람직하다고 할 수 있다.

급여 상한설정에 서 급여 억제로

넷째, 급여수준에 대해서 요개호도별 단계적 정액제를 도입하였다. 현물급여서비스의 전형인 의료보험에서는 보험진료의 범위 안이라면 급여수준에 보험제도상의 제한은 없지만 이 점에 대해서도 제한해야 한다는 의견이 일부에서 강하게 나타나고 있다. 최근에는 경제재정자문회의 등의 논의에서 보이는 것처럼 의료비 등에 대해서도 전체적으로 관리되어야 한다는 의견이 다시 등장하고 있다.

개호보험이 단계적 정액제를 채택한 것은 급여관리의 상한설정을 최초로 시행한 예이지만 현재는 개호보험에서 나타날 뿐이다. 그 의미에서 개호보험은 다른 사회보험에 영향을 주지는 않지만 개호보험 내부에서의 급여 억제는 이번 개호보험 개정에서 더욱 강화될 것 같다. 오히려 이번 개호보험 개정의 초점 중에 하나는 급여 억제를 위한 전환이라고 해도 과언이 아니다.

개호보험은 제도상에 급여상한을 설정하는 제도설계를 하면서도 발족 초기에는 오히려 새로운 제도를 보급하는 것에 중점을 두어왔다. 요개호인정 면에서는 방문조사를 시정촌 직영이 아니고 민간사업소에 위탁하여 널리 개방한 것, 그렇게 하지 않으면 제도발족 초기 요개호인정 청구에 대응할 수 없는 현실적인 사정이 있다고는 하지만 제도보급에 중점을 둔 것이 이유의 절반을 차지한다. 개호보험 사업계획을 처음 개정한 2003년에도 부적절하게 보험청구한 것의 적정화 등을 이야기는 했지만, 형식적이라도 표면적인 급여 억제는 거론되지 않았다. 그 의미에서 『조일신문』朝日新聞이 "개호보험제도를 시작할 때의 과제는 '어떻게 제도를 침투시킬 것인가' 였다. 5년 후 개정에서는 매년 10% 정도로 계속 증가되는 서비스 급여비를 어떻게 하면 억제할 것인가로 변경되었다." (2005. 2. 8. 조간)라고 지적한 것과 같다.

구체적으로 말하자면 신개호예방서비스를 신설하고, 요개호(요지원) 상태가 가벼운 경도의 사람에게 수급시키는 구조의 도입이다. 종래의 '요지원' 이라고 판정되었던 사람은 새 제도에서는 '요지원1' 이 되고, 종래의 '요개호1' 은 '요지원2' 와 '요개호1' 로 구분된다. 새로운 '요지원1', '요지원2'의 사람은 개호예방서비스의 대상이 된다. 새롭게 설정된 개호예방서비스는 근력 트레이닝과 영양지도, 구강케어 등이 되고, 방문개호와 방문입욕 개호, 통원개호_{주간개호서비스 등 시설서비스를 통원하면서 개호받는 서비스를 말함: 역자주} 등도 이용할 수 있고, 지금까지의 그것을 개정하여 개호예방 방문개호, 개호예방 방문입욕 개호, 개호예방 통원개호 등으로서 단순한 가사원조 대행이 아니고 개호예방과 연결된 형태로 재편성되었다.

이러한 개호예방서비스의 신설은 요지원·요개호1 등 상태가 경미한 자의 이용을 급증시키고 그런 안이한 이용이 요개호도를 오히려 악화시키기 때문이 아닌가라는 것에서 '자립지원'의 촉진을 위해 도입하려는 것이다. 그러나 개호예방이 중요하다고는 하지만 본인선택을 제한하고 예방서비스를 받게 하는 것은 분명히 지나친 것이다. 그 결과 예방서비스를 기피하고 결과적으로 개호서비스 이용이 억제되기 때문이다. 다음에 서술하는 이용자부담의 강화와 결부되어 이번의 개정은 분명히 이용 억제를 단행했다고 하지 않을 수 없다.

이 '자립지원' 개념의 문제성에 대해서는 핫타카츠코(八田和子)의 「개호보험제도 개혁에 있어서 '자립지원'의 정책적 함의」(大阪府立大學, 『社會問題研究』 제54권 제2호, 2005. 3)에서 정확하게 지적하고 있으므로 참고하기 바란다.

이용자부담의
강화

■ ■ ■

　다섯째, 이용자부담이다. 사회보험에서 이용자부담이 문제가 되는 것은 현물서비스급여의 경우이고, 구체적으로는 의료보험이다. 개호보험도 사실상 현물서비스급여이기 때문에 이처럼 이용자부담의 문제가 있다. 여기에 대해서 의료보험처럼 수급서비스의 양에 대하여 이용자부담 방식(이른바 수익비례부담형 이용자부담, 정확하게는 뒤에 서술한 것처럼 서비스이용량비례 부담형 이용자부담이라고 해야 할 것이다)이 채용되었다. 그 자체는 개호보험도 사회보험인 이상에는 어떤 의미에서는 당연하지만 종래의 개호서비스는 이른바 조치제도로 제공되었고, 거기서 이용자부담은 전년소득세납부액 등에 상응하는 소득비례부담형 이용자부담(세제전용방식)이었던 것과는 달리 상대적으로 사회보험으로 이행함에 따라 수익비례 이용자부담으로 전환한 것에 의미가 있다고 했다. 또 개호보험법 성립 당시에 노인의료의 환자부담을 통원에 관해서는 정액형(1997. 9. 통원 1회당 500엔으로 월 4회로 상한, 입원 1일당 1,000엔)이었던 것에 대해 개호보험이 1할이라고 하는 정률형의 이용자부담인 것은 노인의료 환자부담의 실상을 예시하는 것이 된다. 그 점에서도 선두주자라고 할 수 있다. 그 후 노인의료의 이용자부담에 대해서는 2001년 1월부터 정률 1할 부담(외래의 경우, 월액 3,000엔 상한)이 되고, 더욱이 2002년 10월부터 정률 1할의 이용자부담(일정 이상 소득자는 2할)이 되었다. 개호보험의 이용자부담방식을 답습한 것이다(단, 일정 이상 소득자의 개념은 개호보험에는 아직 없다. 그러나 조만간에 개호보험에도 문제가 될 것이다).

　이용자부담 문제는 그 후 문제양상이 약간 변질되어 사회보장급여의 종합조정과의 관계에도 계속 검토되고 있다. 구체적으로 연금제도와의 조정이라고 한다. 시설 등에 입소할 경우 식비 등은 연금으로 해결되기 때문에 시설에서 식비 등을 보험으로 급여하는 것은 중복급여가 되므로 조정할 필요가 있다는 논의이다. 입소시설의 식비, 거주비 등을 전액 이용자부담으로 요구하는 것이다. 이 논의는 예전부터 있던 것이고 이른바 '호텔코스트'는 자기가 부담해야 한다는 형태로 주장되었다. 호텔 수준의 서비스가 제공되는 것도 아닌데 '호텔코스트' 등으로 칭하는 저수준의 논의는 그만두고라도 이러한 생각은 너무나 깊숙이 침투되어 있다. 이번의 개호보험 개정에서 개호보험 입소시설의 식비, 거주비의 전액 이용자부담이 제안되었다.

즉, 이번 개정에서는 "개호보험시설 등의 식사제공 및 거주 등에 필요한 비용에 대해서 시설개호서비스비 등을 대상으로 하지 않는 것으로 한다."(『개호보험법 등의 일부를 개정하는 법률안 요강』), 즉 식비 및 거주비(광열수도비, 방이용료 등)에 대해서 원칙적으로 전액을 자기부담으로 한다는 새로운 제도도입이 제안되었다. 이것이 실시되면 저소득자의 감면은 별도로 설정되어 있지만 표준적인 경우에 대해서는 후생노동성의 시산에서도 특별양호노인홈의 개인실 입소자의 경우, 현재 10만 엔 전후의 자기부담이 13.5만 엔이 되고, 일반실일 경우에도 5.6만 엔부터 8.7만 엔(일반실의 주거비는 광열수도비 등의 1만 엔)이 된다. 어느 쪽이든 3만 엔 이상 크게 부담이 증가할 것이라고 예상된다.

이러한 입소시설의 식비 및 거주비의 전액을 자기부담으로 하는 것은 너무나 생소한 제도이다. 만약 이것이 실현되면 병원 등의 의료기관에 영향을 미치지 않을 수 없다. 왜냐 하면 개호보험 적용의 요양병상에서 전액 자기부담을 하게 되면, 의료보험을 적용하는 유사 요양병상에도 같은 취급을 하게 되고 그것을 돌파구로 하여 의료보험 전체에 파급되는 것은 쉽게 예상할 수 있기 때문이다.

이러한 이용자부담의 강화는, 거택개호서비스와 비교하여 시설개호서비스의 이용자부담은 상대적으로 너무나 경제적이기 때문에 이것은 이용자의 시설지향을 조장하게 되므로 재가와 시설입소와의 균형을 위하여 실행한다는 이유로 설명하고 있다. 쉽게 말하자면 재가생활이나 시설생활이나 식비는 드는 것이고 주거비도 필요(귀속되는 집세도 고려한다면)하기 때문에 똑같이 부담해야 한다는 이유이다. 그러나 이렇게 말할 수 있는 것은 독거생활자가 자택을 처분하고 시설입소를 할 경우만이 가능하다. 이 경우에는 확실히 재가생활에서 필요했던 식비와 거주비가 불필요하기 때문에 시설에서 그것을 징수해도 부담은 변하지 않는다고 말할 수 있을지 모른다. 그러나 그 외의 경우에는, 예를 들면 배우자 중의 한 명이 시설에 입소했지만 나머지 배우자가 재가에서 생활하는 이상, 주거비는 불필요한 것이 아니고, 시설 거주비의 전액부담이 여분으로 가산된다. 식비에 대해서도 가계의 2중화에 의한 여분의 출비를 고려하면 전액 자기부담이 당연하다고는 절대로 할 수 없다. 이렇게 보면 식비, 거주비 등의 전액 자기부담원칙은 결단코 당연한 것이 아니다. 재검토의 여지가 많다.

원래 사회복지서비스의 이용자부담에 대해서는 이미 이전에 밝힌 것처럼🌿, 첫째 사회복지서비스의 전문성에 관련된 부분에 관해서는 무료로 하고, 둘째 식비 등의 생활비에 관련된 부분에 있어서는 ① 공적연금 등의 소득보장시책이 충실한 단계에는 이용자부담을 부과할 수 있지만

🌿 사토미켄지, 「사회복지정책의 동향과 과제」(『社會福祉學』 제28-1호, 일본사회복지학회, 1987. 6); 사토미켄지 외, 『福祉財政論』(ミネルヴァ 書房, 1987.제5장) 등을 참조.

② 가계家計의 이중화와 사회복지서비스 수급에 관련된 여분의 출비 등을 배려하여 될 수 있는 대로 저액으로 하고 저소득자의 감면제도를 만들 것 ③ 부담방법에 대해서는 이용량에 응해 부담할 것 등을 원칙으로 해야만 할 것이다. 이 가운데 ③에 대해서 약간의 보충 설명을 하고자 한다.

원래 일본 사회복지서비스의 이용자부담에 대해서는 사회복지서비스의 수급을 사사롭게 생각하여 조치비 전액 이용자부담을 원칙으로 하고 소득에 맞게 단계적으로 감면한다는 '조치비 전액 부담원칙 · 단계적 감면제' 가 선택되었다. 여기에 대해서 개호보험 도입 시에 이러한 소득비례부담형의 이용자부담방식은 공평성이 결여되어 있고, 수익부담형의 정률제가 주장되었다. 논의의 상세한 경과는 생략하지만 세금과 사회보험료 등의 수준에는 소득비례부담형으로 재원조달하는 것이 원칙이지만 거기에 더하여 서비스이용의 수준에서도 소득비례로 부과하는 것은 사회보험방식이나 공비부담방식 어느 쪽이든 적당하다고 할 수 없다. 사회복지서비스의 이용자부담을 일종의 공공요금으로 간주한다면 같은 서비스를 이용함에도 불구하고 요금 부담능력에 따라 다른 소득비례부담형의 이용자부담방식은 이상하기 때문이다. 공비부담방식에서도 이용량에 응하는 부담방식은 가능하며, 단 그것에 대해서도 ①과 ②에 맞추어 저액으로, 또한 저소득자의 감면제를 채택하는 것이 필요하다. 또한 이용량에 대한 이용자부담방식은 수익부담형 이용자부담이라고 할 때가 많고 필자도 지금까지 그러한 용어를 써왔다. 그러나 질병과 요개호 등에 의한 의료서비스와 개호서비스의 이용은 그 이용자에게 이익

(편익)을 준다고 간주하는 것이 반드시 적절한 표현은 아니다. 누구든 좋아서 병이 드는 것도, 요개호 상황이 되는 것도 아니다. 결과적으로 그러한 서비스를 이용하지 않으면 안 되는 것이고 수익부담형이라는 용어가 적당하다고는 할 수 없다. 오히려 서비스 이용량에 따라 부담한다는 서비스이용량비례 부담형이 타당할 것이다. 이후 이 용어를 채택했으면 한다.

그런데 이번에 채택하려고 하는 개호보험의 이용자부담방식은 이번 국회에서 결정하려는 장애인 자립지원법안에도 영향을 주고 있다. 동 법안에는 앞으로 개호보험과의 통합(흡수)에 대비하여 '재가와 시설의 균형 잡힌 부담', '서비스 이용량에 따른 부담'을 목표로 하고 현행의 소득비례부담형 이용자부담방식에서 '실비부담 + 서비스량과 소득에 맞는 부담' 방식을 도입▴하려 하고 있다. 여기서 말하는 '소득에 맞는 부담'의 의미는 저소득자 감면제도를 말한다. 주의할 것은, 서비스이용량비례형 이용자부담으로 변경한다고 해도 사회복지서비스의 전문성에 관련된 부분은 무료로 하고 생활비와 관련된 부분에서도 상기의 ① ② ③에 유의하여 될 수 있는 대로 저액으로 하지 않으면 안 된다는 것이다.

▴ 社會保障審議會 제24회 장애인부회(2005. 1. 25), 「장애인자립지원급여법(가칭)에 대하여」(자료1) 참조.

미완의 개호보험

이상에서 간단히 개호보험을 사회보장구조 개혁의 선두주자로 볼 수 있는 여러 가지를 검토해 보았는데, 개호보험은 그 출발점부터 사회보험으로는 미완성이라고 말하지 않을 수 없다. 그것은 일본 개호보험이 사실상 65세 이상자를 대상으로 하는 노인개호보험이라는 점과 관련된다.

이미 널리 알려진 것처럼 일본 개호보험은 65세 이상의 제1호 피보험자에 대해서는 요개호상태가 된 이유를 막론하고 요개호 인정을 조건으로 보험급여를 하지만 40~65세 미만의 제2호 피보험자에 대해서는 '가령 고령은 65세 이상자를 일컫는데 반해, 가령은 연령의 상승, 고령자로 가는 과정 등을 의미 함: 역자주으로 인한 심신의 변화에 기인하는 질병'(특정 질병)에 의해 요개호가 된 경우에 한정하여 급여한다. 사실상 노인개호보험으로서 제도가 설계된 것이다.

이러한 일본 개호보험의 성격은, 첫째 개호를 주제로 하면서 실제로 커버하는 범위를 노인으로 한정한다는 점에서 사회보험으로서는 미완이라고 할 수 있다. 이 점은 장애인 지원비제도의 통합(부분적인 흡수) 문제와 관계된다. 둘째, 사실상 노인개호보험임에도 불구하고 40~65세 미만의 의료보험 가입자도 피보험자로 한다는 상당히 무리가 있는 피보험자의 구성을 채택하고 있다. 이것은 노인개호보험이지만 고령자만을 피보험자로 하는 제도설계로는 재정적으로 부족하기 때문에 도입된 것이고, 제도적인 취약성의 화근이라는 점은 부정할 수 없다.

이렇게 현행의 개호보험이 미완의 사회보험인 것은 당연히 그 '미완성'을 보강하고 완전한 사회보험으로 하려던 지향과의 충돌을 끊임없이 내포하고 있음을 의미한다. 개호보험 재정의 관점이 그것을 한층 더 가속한다. 이것이 작금의 개호보험 개정 중에서 장애인 지원비제도의 통합(부분적 흡수) 문제였다고 할 수 있다.

이번의 개정에서 장애인 지원비제도와의 통합(부분적 흡수) 문제는 사회보장심의회 개호보험부회의 의견서, 「'피보험자·수급자의 범위' 확대에 관한 의견」(2004. 12. 10)이 양론병기로 끝났기 때문에 최종적으

노인개호보험인데도 불구하고 40~65세 미만 의료보험가입자를 제2호 피보험자로 결정한 이유는 사토 미켄지의 「사회보험시스템의 동요와 공적개호보장 - 개호보험개정의 논점」(上)(전게1, pp.7~8)을 참조

로는 뒤로 미뤄졌다. 이 문제에 대해서는 이미 별고[*]에서 서술했기 때문에 지면제약상 여기서는 거듭하지 않지만 다음과 같은 점은 지적하고 싶다. 즉, 지원비제도를 부분적이기는 하지만 개호보험안으로 흡수시키는 것을 '보편화'라고 설명한 점이다(『의견서』). 그러나 그것에 의해 새로운 개호보험급여의 대상이 되는 18~64세의 장애인, 난치병환자 등은 37.5만 명 정도로 추계되는 것처럼 65세 미만의 개호리스크 자체가 보편화되었다고는 도저히 말할 수 없다. 그런데도 불구하고 지원비제도를 부분적으로 개호보험에 흡수하려고 한다면 그것은 '보편화'라는 목적보다는 그것을 근거(핑계)로 하여 재원부담 범위를 20세 이상으로 확대하려는 목적이라고 하지 않을 수 없다. 장애인복지의 충실이 물론 필요하지만 그것은 이러한 임시방편적인 수단이 아닌 공비부담으로 현재의 지원비제도를 충실하게 달성해야 한다.[**] 여하튼 이 문제는 이번에는 후일로 미루어졌지만 반드시 재연될 문제이기 때문에 이후에도 주시해야 한다.

---

[*] 사토미켄지, 「사회보험시스템의 동요와 공적개호보장 - 개호보험개정의 논점」(上, 下)(『社會保險旬報』 No.2213, 2004. 7. 11; No.2214, 7. 21., 사회보험연구소) 참조.

[**] 지원비제도를 개호보험으로 통합(부분적 흡수)하는 것에 대해서는 개호보험 측의 사정이 큰 영향을 미치지만 지원비제도의 재정적 불안정도 하나의 이유로 거론되고 있다. 그러나 여기에 대해서는 시오타유끼오(鹽田幸雄) 후생노동성 장애보건복지부장이, "(지원비제도에 의한)서비스이용을 증가시키는 한편, 서비스이용의 증가에 대응하지 못한 재정과 구조에 의한 재원부족이 발생했다. 서비스이용 구조가 충분치 못한 것과 재원확보의 구조 등 제도설계가 허술하다는 문제가 있고, 후생노동성은 솔직하게 반성해야 한다고 생각한다."(『週刊社會保障』 2005. 1. 31., 法硏, p.55, 전국 후생노동관계부국장회의에서 발언)라고 반성하고 있는 것처럼 지원비제도 문제로서 해결해야 하는 과제일 것이다.

사회보험 약화 현상이 개호보험 에 끼친 파급

■ ■ ■

이렇게 보면 사회보장구조개혁의 선두주자가 되는 개호보험은 보험료를 연금에서 원천징수하는 것과 이용자부담에 식비, 거주비를 전액 자기부담원칙으로 도입하려는 것, 이후의 다른 사회보험에 도입될 수도 있다는 점, 전체로서는 그것에 의해 계속 약화되고 있는 사회보험을 활성화시키는 데 성공했다고 할 수 없다. 오히려 그 반대이다. 사회보험시스템 전반에 걸쳐 진행되고 있는 약화현상이 개호보험에도 파급·침투될 위험성이 높다.

　예를 들면, 공적연금, 의료보험 등에 진행되는 공동화현상은 개호보험 제2호 피보험자의 의료보험 공동화에 전면적으로 영향을 받고 있으며, 제1호 피보험자의 보통징수에서도 서서히 공동화가 진행되고 있다. 게다가 현행 노인보건제도의 가입자 안분방식按分方式에 의한 의료보험 각 제도에서 갹출금과, 현재 구상 중인 고령자독립의료보험제도에서는 현역세대로부터의 '사회연대적인 보험료' 등 보험원리로는 설명할 수 없는 일들이 재원조달상의 배려에 의해 의료보험에 포함시키려 하고 있다. 이러한 약화현상사토미켄지의 정의에 의하면 사회보험의 약화란 첫째 공동화의 진행, 둘째 사회보험과는 다른 요소의 혼입/침투로 인해 사회보험의 해체현상의 표출이라 할 수 있다: 역자주의 연장선상에서는 일단 좌절하였다고는 하지만 지원비제도의 부분적 흡수라는 이유로 20세 이상을 피보험자로 확대하려는 개호보험의 구상도 확실해졌다고 할 수 있다.

　게다가 상위소득자, 일정 이상의 소득자 등의 개념을 도입하여 의료보험에서 실시하고 있는 환자부담의 소득비례부담제도의 채택도 조만간에 개호보험에 파급될 가능성이 있다. 마스다마사노부增田雅暢는 이에 대해서 "조치제도라면 어쨌든 사회보험 안에서 '복지회귀현상'을 부를 수밖에 없는 구조가 되면 사회보험인가, 조세방식인가라는 논쟁에도 영향을 줄 듯하다."라고 염려하고 있다. 마스다마사노부가 지적하는 것처럼 사회보험론자가 사회보험의 우위성을 주장했던 서비스이용량 비

增田雅暢, 「개호보험 개정에 대한 제언」(法研, 2004. p.59) 참조.

례형 이용자부담조차 무너진다면 사회보험의 장점이 하나 더 없어지는 것은 분명하다. 또한 마스다마사노부는 이를 '복지로 돌아가는 현상'이라고 했지만 사회복지서비스의 이용자부담방식이 필연적으로 소득비례부담으로 할 이유가 없기 때문에 이것 역시 사회보험방식의 약화현상이라고 해야 타당하다.

이번 개호보험 개정에서는 방문조사를 원칙으로 시정촌 직영으로 할 것과 사업자의 신청대행을 안이하게 인정하지 않을 것, 개호지원 전문인 자질향상 등 당연한 일들이 너무 늦어진 것도 있지만 적극적인 조치로 보이는 점도 있다. 그러나 결론적으로 말하자면 이번의 개호보험 개정은 그 근간에 사회보험방식을 전제로 하여 분명히 급여 억제로 전환하고 있기 때문에 마침내 실패로 끝나지 않을 수 없을 것이다. 차후 진행되는 사회보험의 약화현상에 개호보험도 그렇게 되는 것은 불가피하다. 공비부담방식으로 전환하는 것을 진지하게 검토해야 할 시기가 온 것이다. 장애인 지원비제도가 많은 문제점을 안고 있다고는 해도 사회보험의 전매특허로 되어온 계약방식을 공비부담방식으로 진행하여도 실현이 가능하다는 것을 현실에서 보여주고 있는 것처럼 사회보험방식의 장점이라고 했던 것이 또 하나 소멸한 것이다. 약화되는 사회보험방식을 단념해야 할 시기가 온 것이다.

사회보장제도를 공비부담방식 중심형으로 전환할 구체적인 상에 대해서는 사토미켄지의 「보편주의형 사회보장시스템 설계와 공적연금제도 - 국민적 합의를 향해, 포럼과 협동 -」(『賃金と社會保障』 No.1375 · 1376 합병호, 旬報社, 2004. 8)을 참초.

사회보험시스템의 동요와 공적개호보장

-개호보험 개정의 논점-

현재의
개호보험제도
■ ■ ■

개호보험은 2000년 4월에 시행하였다. 그동안 요개호 인정자는 당초 218.2만 명에서 2004년 1월에 376.9만 명으로 보험급여 수급자는 당초의 149.0만 명에서 2003년 11월 294.5만 명으로 확대되었다(개호보험사업상황보고」각 월판), 개호보험의 총비용도 2000년도의 3.6조 엔(실적, 이용자부담을 제외한 급여비는 3.2조 엔)에서 2001년도 4.6조 엔(동4.1조 엔), 2002년도 5.2조 엔(동4.7조 엔), 2003년도 5.7조 엔(보정후, 동5.1조 엔), 2004년도 6.1조 엔(예산, 동 5.5조 엔)으로 계속 크게 증가하고 있다.

이렇게 보면 개호보험제도는 순조롭게 출발해서 발전하는 것처럼 보인다. 그러나 제도의 평가를 단순히 서비스 수급자와 급여비의 양적인 증가만으로 평가할 수 있는 것은 아니다. 왜냐하면 제도 제정 과정에서 그 운영·재정방식에 대해서 공비부담방식(조세방식)인가 사회보험방식(개호보험방식)인가에 대하여 논쟁이 있고, 현실정책으로서는 개호보험방식이 선택되었지만, 가령 보편적인 공비부담방식으로 실시한다고 해도 이 정도의 성과를 올릴 수 있다고 생각되기 때문이다.

한편 사회보험방식의 모순과 동요는 개호보험을 포함하여 각종 사회보험제도에서 진행되고 있으며 그러한 점에서 새롭게 중간 평가가 필요한 시기에 이르렀다.

이러한 사정을 포함하여 본고에서는 개호보험제도 체계의 실태에 접근하고자 한다. 현재 진행중인 개호보험 개정의 논점이 개호보험을 포함한 사회보험방식의 성격과 장래를 암암리에 제시하는 것이라고 생각되기 때문이다.

개호보험 개정의
중심적 논점

개호보험은 법시행 5년 후에 개정하는 것을 부칙으로 규정하고 있다. 사회보장심의회 개호보험부회에서 논의되고 있고, 8월에 보고서의 마지막 정리를 예정하고 있는 듯하다. 이 부회는 다음과 같이 논점을 정리하였다(2004. 4).

· 제도 개편의 전반

· 보험자의 실태(보험자의 규모, 보험자의 기능 · 권한)

· 피보험자의 범위

· 보험급여의 내용 · 수준 = 급여비의 수준, 요지원 · 요개호1에 대

한 급여의 실태(개호예방 · 재활rehabilitation 포함), 재가와 시설서비
스의 실태, 서비스체계(치매케어를 포함), 의료 등과의 연계
· 서비스 질의 확보 = 케어매니지먼트, 제3자 평가 · 권리옹호, 인재
양성, 사업자지도 · 감독 등
· 요개호 인정 = 지역차, 인정의 질, 사무절차 등
· 보험료 · 납부금 부담의 형태 = 보험료, 국고부담, 재정조정 등
· 타제도와의 관계

이러한 논점의 모든 것에 대하여 검토하는 것은 지면상의 제약이 있
기 때문에 여기서는 「피보험자의 범위」를 중심으로 간략히 검토하고자
한다.

피보험자 범위설정의 근거와 문제점

현행의 개호보험제도가 40세 이상으로 한정하고 있는 것과 관련된, 대상연령을 보다 약년층으로 확대하는 것인가, 아닌가? 그 경우 현재는 피보험자(40~65세 미만의 의료보험가입자)에 대해서 보험급여를 「가령에 따른 심신의 변화에 기인하는 질병」(특정 질병)에 의한 요개호로 한정하고 있는 점을 어떻게 할 것인가? 구체적으로는 장애인을 포괄할 것인가 아닌가? 등이 논점이다.

개호보험 피보험자의 범위에 대해서는 노인보건복지심의회의 논의

과정에는 20세 이상이라는 안案이 유력했지만 이 심의회의 최종 답신 「고령자개호보험제도의 창설에 대하여 - 심의의 개요·국민의 깊은 관심과 논의를 위하여」(1996. 4)에서는 복수의견을 모두 기재하여 답신하였다. 그 후 후생성의 「개호보험제도 시안」(1996. 5), 「개호보험제도 수정시안」(1996. 5), 「개호보험제도안 대강大綱」(1996. 6)에서 40세 이상으로 정한 경위가 있다.

피보험자 범위를 현행 제도처럼 설정한 이유에 대해서 「개호보험제도안 대강」(자문)은 "고령자개호가 큰 사회문제인 상황을 인정하고, 개호보험제도는 노화에 따른 개호 욕구에 대응하는 것을 목적으로 한다. 장애인복지(공비)의 개호서비스에 대해서는 장애인플랜에 따라 계속 충실을 기하는 것으로 한다."는 것으로서 장애인을 제외하는 것으로 표명했다. 피보험자의 연령제한에 대해서는 "개호보험의 대상은, 노화에 따른 개호 욕구는 고령자뿐만이 아니고 중년후기에 있어서도 발생 가능하며, 또 40세 이후가 되면 일반적으로 부모의 개호가 필요해지고 가족 입장에서 개호보험에 의한 사회적 지원의 혜택을 받을 가능성이 높아지기 때문에 40세 이상인 자를 피보험자로 하고, 사회연대에 의해 개호비용을 지원하는 것으로 한다." ♣라고 설명하고 있다.

또한 덧붙여 설명하기를 후생노동성 노건국 개호보험과 5명의 스태프(당시)로 이루어진 개호보험제도연구회의 『상해詳解 개호보험 보험

♣ 후생성 고령자개호대책본부 사무국 감수, 『고령자개호보험제도의 창설에 대하여』, ぎょうせい, 1996. pp.215-216.

료-보험료에 관한 이론과 실무』(사회보험연구소, 2001)는 "제1호 피보험자에 대한 개호급여 중에는 종래의 노인보건제도를 통해 의료보험자가 부담해오던 부분을 포함시킨다. 제2호 피보험자 자신도 제1호 피보험자에 대한 개호급여에 의한 의료보험료 부담자로서의 수익이 있다는 것", "현역세대들이 일반적으로 부담능력이 높다는 것"(p.16)을 들고 있다.

이러한 논의를 정리해 보면 현행 개호보험에 40세부터 65세 미만의 의료보험가입자를 제2호 피보험자로 정한 이유는 ① 노화(특정 질병)에 따른 개호욕구는 중년후기에도 발생하기 때문에 보험급여의 혜택을 받을 수 있다는 것, ② 노부모개호가 과제가 되는 40세 이상은 부모가 받는 개호보험에 의한 사회적 지원의 혜택을 자신도 받고 있다는 것, ③ 개호보험에 의해 노건제도의 부담이 경감되므로 노건제도의 갹출금을 부담하는 현역세대도 이익을 받을 수 있는 것, ④ 현역세대의 부담능력이 높다는 것 등이다.

그런데 이러한 이유는 과연 사회보험 원리에 비추어 볼 때 정합적인 설명이 가능한 것일까? 결론부터 말하자면 ①~④에 대해서는 피보험자로서 받을 혜택을 필사적으로 찾아보았다는 인상이 있고, 오히려 사회보험방식으로 개호보험을 실시하는 것은 무리라는 사실이 표출되었다고 말할 수 있다. 왜냐하면 ①은 제2호 피보험자 중에 요개호 인정자는 2003년 3월말 현재 불과 12.1만 명(제2호 피보험자의 0.28%), 재가·시설 서비스의 이용자는 7.9만 명(동 0.19%)에 지나지 않기 때문이다. 제1호 피보험자의 요개호 인정률 13.89%, 서비스 이용률 10.28%와 비교하여 어느 쪽이든 50분의 1 혹은 그 이하의 상황이다(수치는 「개호보험사업보고 (연보)」 2002년도 판에 의함).

40~65세 미만의 의료보험 가입자를 피보험자로 설정한 것은 상당히 무리라는 것이 분명하다. 따라서 ②, ③ 등의 이유를 들고 있지만 어느 쪽이든 간접적인 혜택에 그친다고 해야 한다. 피보험자로 정하지 않으면 안 될 필연성은 거의 없다. 오히려 ②, ③과 같은 이유는 의료보장제도 개혁에 관한 정부의 기본방침(2003. 3)에 제기된 고령자 독립의료보험제도를 위한 약년자층의 '사회연대적인 보험료'라는 발상에 가깝다고 해야 할 것이다.

④의 재정적인 이유는 아마도 가장 절실한 것이고, 그로 인해 40~65세 미만을 제2호 피보험자로 하였지만 보험사고와 관련성이 희박한 경우 이러한 이유라면 보험료를 받기 쉬운 사람에게 받는 편리주의라는 평가를 받을 수도 있다.

피보험자의 연령 저하와 급여 확대

현행 개호보험이 사실상 노인개호보험제도임에도 불구하고 40세 이상을 피보험자로 하는 것에 애초부터 무리가 있지만 현재 진행중인 개정작업은 피보험자의 연령의 하한을 더 내린다는 방향이 유력한 검토과제 중의 하나이다. 그 주된 이유로는 이후에도 증가가 예상되는 개호수요에 대한 보험재정의 안정을 위한다는 재정적인 근거를 들고 있다. 앞에서 본 개호보험부회의 「현재까지의 논의의 정리(안)」(2004. 4)에 의하면 "개호보험제도를 급여와 부담의 균형이 확보된 지속 가능한 제도로 하기 위해서는 피보험자 범위 확대와 재원부담 비율도 포함하여 발본적인 개정을 염두에 두어야 한다."라고 지적하고 있다.

그러나 현행 제도의 제2호를 피보험자로 정하는 것은 문제가 있는데, 단순하게 연령 요건을 더욱 내리는 것은 한층 사회보험으로서의 정합성에 의문을 제기하지 않을 수 없다. 따라서 피보험자 범위 확대 문제는 동시에 제2호 피보험자의 보험급여의 확대에 연동하는 것이다.

이 점에 대해서는 개호보험부회의 「현재까지의 논의 정리(안)」는 "장애인시책의 논의와 개호보험제도 개정 논의를 링크해야만 한다.", "피보험자 범위 확대와 급여대상 확대를 하나의 세트로 논의해야 한다."는 등의 의견이 분산된 것을 볼 수 있다. 사실상 노인개호보험인 현행 제도에 40세~65세 미만을 피보험자로 정하는 것 자체에 상당한 무리가 있는데 더욱이 피보험자의 연령을 내린다면 노인개호보험으로서의 성격을 변경하지 않으면 안 된다는 것이다. 즉, 특정 질병 요건을 없애고 요개호상태라는 조건을 보험급여의 요건으로 하는 것이다. 구체적으로는 장애인에 대한 급여를 포괄하는 것이다.

따라서 피보험자의 범위 확대·연령 요건의 낮춤은 그것 자체만으로는 적합·부적합을 논할 문제가 아니라 보험급여 범위의 개정과 연동되는 과제이다. 다음 항목에서 자세히 검토하기로 한다.

장애인 지원비제도의 통합문제

피보험자 범위 확대와 관련하여 장애인 지원비제도의 통합이 검토되고 있다. 그것의 옳고 그름을 생각할 때 개호보험 제정 당시의 경위를 확인해둘 필요가 있다.

현행 제도를 제정할 때 제2호 피보험자에 대한 보험급여를 특정 질병으로 한정하고 사실상 장애인에 대한 급여의 대부분을 제도에서 배제한 이유는 개호보험제도를 '노화에 따른 개호 욕구'에 대응하는 제도로 한다(즉 노인개호보험)라는 큰 전제가 있었기 때문이다. 장애인 부문을 포함하여 이것이 이해된 데에는 신체장애인복지심의회의 의견구신意見具申(1996. 6)에 따르면 ① 장애인시책이 공적인 책임으로서 공비로 실시해야 한다는 관계자의 인식이 강한 점, ② 신체장애인 이외의 장애인시책이 일원적으로 시정촌에서 이루어지지 않는다는 점, ③ 장애인 개호서비스 내용은 고령자에 비하여 다양하고 이것에 대응한 서비스 유형을 확립하기에는 충분한 검토가 필요하다는 것, ④ 보험 이행에 있어서는 장애인 개호서비스를 비롯하여 현행 시책과의 조정이 필요한 것 등을 검토해야 하는 점도 적지 않다.

그리고 이러한 점에 대한 관계자의 인식도 반드시 일치하지 않았기 때문이라고 할 수 있다.

따라서 이 심의회는 "앞으로 이 문제에 대해서는 당 심의회로서는 한층 더 충분히 논의를 거듭하고 또 필요에 따라 관계 심의회와 협조하여 장애인시책에 상응하는 개호서비스와 그 재정방식의 형태를 모색해가는 것으로 한다." ♣ 라고 한 것이다.

장애인시책에 대해서는 그 후, 2003년 4월부터 지원비제도가 도입되었지만 여기에서 개호보험 개정의 일환으로서 그 통합이 개호보험부회 외에도 장애인부회를 중심으로 검토되었다. 「의사개요」議事概要(2004. 4)를 보면, "개호보험으로 시행한다면 3장애정신, 신체, 지체: 역자주도 함께 시행할 것, 장애인을 위한 제도를 만들 것이라는 조건이 갖추어지면 개호보험과 통합할 것이라는 논의가 필요함.", "개호보험의 장점, 단점은 별도로 하고 안정재원을 확보하기 위해서는 다른 재원을 청구하지 않으면 안 되기 때문에 지금 논의하지 않으면 안 된다."등의 의견이 있는 한편, "지원비가 1년도 되지 않아서 이렇게 된 것은 후생노동성이 실태파악을 하지 못한 탓이고, 날림이고 건성이었다는 것", "시행 후 1년만에 개호보험과의 통합논의를 문제화한 것, 이는 계획성이 없다는 의미이고 칭찬받을 수 없음.", "지원비는 이념적으로나 제도적으로 결함은 없다. 출발 시점에서 삼위일체 개혁이라는 예상 외의 것이고, 재원만의 문제로 되어 있다." 등의 의견이 끊이지 않는다. "다양한 입장의 의견이 있고 정리할 시간이 없다. 지원비 재정 문제처럼 또 제대로 논의하지 못한 상태에서 결정을 내리는 논의가 될 수 있다." 등의 염려가 있다.

이렇게 이 단계에서 장애인 개호문제 취급을 개호보험과 관련지어 논의하는 것은 장애인복지 측면에서 보면 개호보험이 실시된 시점에서 검

♣ 제12회 개호보험부회(2004. 4. 26) 자료2, p.4.

토과제로 된 문제의 계속이라는 것과 함께, 2003년도에 실시된 공비부담에 의한 지원비제도가 초년도부터 일찍이 재원부족을 드러냈기 때문에 앞으로 안정성이 우려되는 등 재정적인 사정도 한층 더 어렵게 되었다.

한편, 개호보험 측면에서 본다면 재정적인 사정이 근본적인 문제이지만 제2호 피보험자에 대한 보험급여를 특정 질병으로 한정하고 있는 현행 체제는 현장에도 무리가 있는 이상 피보험자의 연령을 내린다면 한층 사회보험 원리와의 정합성의 문제제기 때문에 보험급여의 범위를 확대하지 않으면 안 되는 사정이 있다. 이런 사정에서 피보험자 연령 조건을 내리는 것은 급여범위 확대(장애인 지원비제도의 통합)와는 상대적으로 다른 문제이면서 사실상 한 세트로 생각하지 않으면 안 되는 상황이 되었다.

가령 개호보험 피보험자 연령을 20세 이상으로 하고, 장애인 지원비제도와 통합하여 보험급여 조건에서 특정 질병 요건을 없애고, 요개호라는 사실만으로도 급여를 제공하는 것으로 개선될 경우 개호보험으로서의 정합성은 충족되는 것일까? 여기서 검토해야 할 것은 ① 개호보험의 성격 전환을 어떻게 생각할 것인가? ② 사회보험 원리와의 정합성의 유무 ③ 제2호 피보험자 개념 존속 여부 ④ 보험급여 개정의 유무 등이 있다.

차후의 검토를 위해 여기서 미리 사회보험 원리에 대한 필자의 의견을 명확히 하고자 한다. 원래 사회보험은 사적 부양에서 사회적 부양으로 이행하는 과정에서 등장하는 보장방식의 하나인데, 보험이라는 수법을 통한 생활보장이라는 보험원리와, 사회적 부양이라는 정책적 배려의 관점에서 수정된 사회원리의 2가지 원리로 구성되어 있다. 이 2가지 원리는 병렬적·친화적인 것이 아니고 서로 긴장관계에 있다. 이 관계는 최종적으로는 보험원리의 우위성에 있어서 통일되어 있기 때문이다.♣ 왜냐하면 보험원리로서는 보험료 부담을 조건으로 하는 급여(역으로 말하자면 부담하지 않은 사람에게는 급여를 배제한다 = 배제원리)가 본질이고, 사회적 부양의 관점에서는 일정의 정책적 배려라는 사회원리에 의해 수정되기는 하지만 최종적으로는 배제원리가 관철되기 때문이다. 바꿔 말하면 배제원리 없는 보험원리는 성립하지 않고, 사회보험일 수 없다. 사회원리에 의해 어느 정도 수정된다고 하여도 사회보험인 이상에는 배제원리가 관철된다. 이러한 사회보험의 성격은 사보험과는 다른 다양한 특징이 있지만 여기서는 재원 면에 초점을 두고 생각해보기로 하자.

재원 면에서 사회보험의 사회원리가 보험원리를 수정하는 예는 의료 등의 서비스 급여형 사회보험에서 알 수 있듯이 갹출과 급여의 관계에 있어서 급여·반대급여 균등의 원칙이 개별적으로는 성립하지 않는 점에서 나타난다.

사회보험은 종종 부담과 급여 관계가 명확하다. 그 장점의 하나로 강조되는 일이 많은 현금 급여형 사회보험은 별도문제이나, 현물서비스형

♣ 졸고 「사회보험방식의 재검토」, 『고령사회와 사회정책』(사회정책학회지 제2호, ミネルヴァ書房, 1999) 참조.

사회보험에는 개별적인 부담·급여의 대응관계가 존재하지 않는다. 그것은 다만 '부담 없는 급여의 배제'로서 배제원리에서 존재하는 것에 지나지 않기 때문이다.

이렇게 개별적인 급여·반대급여 균등의 원칙을 상실한 소득비례부담형의 부담방식은 사보험에서는 있을 수 없지만 사회보험에서는 사회적 부양의 측면인 소득재분배의 견지에서 허용된다. 하지만 허용의 전제로, 보험료 갹출자에게 정도의 차이는 있어도 보험리스크가 존재한다는 것이고, 이를 전제로 보험 안에서 소득재분배적인 요소가 정당화되는 것이다. 역으로 말하자면 보험리스크가 없든가 혹은 아주 적을 경우에는 보험료 갹출을 요구하는 것은 사보험의 경우는 물론이지만 사회보험에서도 논리적으로 있을 수 없는 일이다. 그런 경우 재원 갹출의 요구는 논리적으로 설명이 불가능한 보험의 수법을 적용해서는 안 되고 공비부담방식으로 실시해야 한다. 이는 다시 확인하지 않아도 한눈에 당연한 것으로 드러난다. 그러나 이와 같이 매우 당연한 것이 고려되지 않은 채 사회보험이라는 명분만으로 실시되는 경우가 있다. 이것이 사회보험원리의 정합성 상실이고, 후술하는 사회보험의 약화弱化의 예라고 할 수 있다.

개호보험의 성격 전환

현행 개호보험제도에 장애인 지원비제도를 흡수·통합하는 것은 지금까지의 노인개호보험으로서의 성격을 크게 변경하지 않고는 불가능하다. 왜냐하면 지원비제도를 통합하는 것은 요개호자 전체를 요건으로 하는 보험급여로 제도설계를 바꾸는 것이 되기 때문이다.

이러한 제도의 성격 변경은 개호보험제도설계 자체에 영향을 준다. 예를 들면, 노인개호보험으로서의 현행 제도의 자립과 장애인복지를 전제로 한 자립은 같은 '자립'이라는 용어를 사용하고 있지만 내용에는 커다란 차이가 있다. 지원비제도를 통합하는 이상, 장애인복지의 자립 개념을 기초로 할 필요가 있다. 그것은 더욱이 노인개호보험임을 전제로 하여 설계되어 있는 현행 서비스 종류도 변경하지 않으면 안 될 것이다.

이런 문제는 뒤의 논점(보험급여의 전면 개정)과 관계되는데, 현재의 통합론은 장애인도 포괄하는 개호보험으로 전환하는 것이 제도설계의 근본을 좌우한다고 생각할 수 없고, 노인개호보험을 기초로 하고 장애인개호를 부분적으로 접목하는 정도의 상정이라고 밖에 생각할 수 없다. 따라서 이러한 개호보험의 성격 변화는 특별하게 검토하지 않으면 안 되는 과제이다. 다음은 개호보험의 사회보험원리와의 정합성 유무를 집중적으로 검토하고자 한다.

사회보험원리와의 정합성

개호보험도 사회보험이기는 하지만 보험의 일종인 이상, 피보험자가 안고 있는 보편적인 리스크에 대응할 필요가 있다.♣ 현행 개호보험제도

♣ 단, 보편적인 리스크에 대응하는 것이 사회보험방식의 채택을 필연화하는 것이 아니다. 공비부담방식(조세방식)도 또한 하나의 대응방법이기 때문이다.

는 40~65세 미만을 제2호 피보험자로 하면서 특정 질병의 보험급여에 한정함으로써 제2호 피보험자의 보험 급여율이 0.2%에도 못 미치는 상황이고, 보험의 형태를 제대로 갖추고 있지 않다. 이런 상황은 피보험자를 20세 이상으로 하고 장애인 지원비제도를 통합하여 보험급여의 대상으로 한다고 근본적인 개선이 이루어진 것일까? 결론적으로 말하자면 너무나도 그렇지 않다는 것이 실태이다.

이 점에 관해서는 무사시노시武藏野市의「개호보험 시행 5년 후의 제도 개정을 위하여 - 무사시노시의 제언」♣(2003. 12)이 아주 흥미로운 논점을 제공하고 있다. 이 제언은 "보험 재정적으로 피보험자 연령을 내리는 것은 검토해야 할 가치가 있지만 20~64세까지의 장애인 발생률은 1.96%(정신장애인은 제외) 밖에 없고, 리스크에 대한 보험사고 급여로서의 사회보험제도는 근본적인 문제가 있다."라고 되어 있다. 따라서 여기서 '장애인 발생률'은 20~65세 미만의 모든 신체장애인 125만 2,000명과 모든 지적 장애인의 29만 4,000명의 합계 154만 6,000명을 20~65세 미만 인구수 7869만 명으로 나눈 수치이다. 현실에서는 모든 장애인이 개호서비스를 이용하는 것은 아니기 때문에 장애인 발생률이 1.96%라고 한다면 보험서비스 이용률은 한층 더 낮아질 것이다. 장애인 지원비제도의 이용자 수는 실시 초년도는 32만 명이었다(개호보험부회자료, 2004. 4). 이것을 20~65세 미만의 장애인 수로 나누면 서비스 이용률은

♣ 무사시노시의 제언은 『임금과 사회보장』(2004. 3. 상순호), pp.9-28을 참조.

불과 0.4%에 지나지 않는다. 본래 이것은 초년도 수치이기 때문에 제도를 보급·정착함에 따라 서비스 이용자는 더욱 증가할 것이라고 생각되지만 넉넉히 예상해 본다 해도 1% 정도라고 생각된다.

따라서 개호보험의 성격을 변경하여 20세 이상을 피보험자로 하고, 장애인 지원비제도를 통합해보면 보험급여의 대부분이 고령자를 위한 것이라는 사정은 변하지 않고 사회보험원리로 설명할 수 있는 영역은 넘어선 결과이다. 따라서 65세 미만에 대해서는 "리스크에 대한 보험사고 급여로서의 사회보험제도는 근본적인 문제가 있다."라고 한 무사시노시의 제언은 경청할 가치가 있다고 할 수 있다.

제2호 피보험자 개념의 가부

장애인 지원비제도를 통합하여 20세 이상을 피보험자로 한다면, 피보험자를 제1호, 제2호로 구별할 필요가 있을까? 현행 제도의 피보험자 구분은 노인개호보험의 성격을 견지하고, 제2호 피보험자의 보험급여를 특정 질병으로 한정하는 것에 있다고 여겨지는데 이를 없애버리면 제1호, 제2호로 구분할 근거가 없어지기 때문이다. 나머지 근거는 보험료 징수 방법에 달려 있다. 가령 '의료보험 가입자' 조건에 한정한 채 보험료 징수를 쉽게 하는 방법을 유지한다고 해도, 제1호 피보험자에 대해서 보통

또한 무사시노시의 '장애인 발생률'의 추계에는 모든 정신장애인 수가 제외됐기 때문에 그 수치를 더하면 발생률, 서비스 이용률도 약간 높아질 것이다. 또한 정신장애인은 현행 지원비제도 대상에서 제외된다.

징수·특별징수(연금에서 원천징수)를 구별하고 있기 때문인데, 이를 똑같이 특별징수(의료보험에 추가로)라는 개념만 적용해서는 피보험자로 확인할 근거가 부족할 수 있다.

더욱이 '의료보험 가입자' 조건이라는 제한을 계속 둘 것인가의 문제도 신중하게 검토할 필요가 있다. 현행 제도가 제2호 피보험자를 40~65세 미만의 의료보험 가입자로 한정하는 것은 보험료 징수를 용이하게 하지만 이러한 제한 때문에 생활보호 수급자(국민건강보험법 제6조 제6호는 생활보호 세대를 적용에서 제외시키고 있다.)의 대부분은 개호보험에는 가입하지 않고, 한편 65세 이상의 생활보호 수급자에게는 이러한 한정이 없기 때문에 같은 생활보호 수급자라도 개호보험에 가입하여 별도로 관리하는 부자연스런 상황이다. 65세 미만의 개호를 필요로 하는 생활보호 수급자에 대해서는 생활보호를 개호부조로 대응하기 때문에 문제 없다는 의견도 있지만 반드시 그렇다고는 할 수 없다. 일반적인 제도와 예외적인 제도를 이중화하면 예외적인 제도로 취급되는 쪽이 열등한 제도가 될 가능성이 있기 때문에 스티그마가 생길 위험성이 있기 때문이다. 현행 제도의 생활보호 수급자에 대한 이런 문제점에 대하여 필자는 별고*에서 개호보험의 입법과정을 거듭 지적해왔다.

'의료보험 가입자'라고 대상을 한정하지 않고, 제1호 피보험자에게 '보통징수'와 '특별징수'(연금에서 원천징수)를 적용하는 것처럼 제2호

---

* 예를 들면 사토미켄지, 「개호보험법안의 문제점과 보편적 개호보장의 과제」(『산업과 경제』 奈良産業大學, 1997. 3. pp.30-31) 참초.

피보험자에게도 의료보험 비가입자는 '보통징수'를 의료보험 가입자에게는 '특별징수'(의료보험료에 포함시켜 징수하는)를 적용하는 것도 가능할 것이다. 혹은 의료보험 가입자라는 제한을 계속 유지하고자 한다면, 앞서 말한 국민건강보험법에서 생활보호세대의 적용 제외를 폐지하는—즉 생활보호세대도 계속해서 국민건강보험가입을 보장한다—것도 하나의 방안일 수 있다.

생활보호 수급자를 별도로 생각한다는 것에 대해서 문제제기를 하는 이유는 지원비제도의 통합과정에서 장애인 생활보호 수급자를 개호보험에서 배제하는 사태가 발생할 수도 있기 때문이다. 또한 생활보호세대에 대해서는 개호보험부회에서 다양한 논의를 한 것 같다. "생활보호를 수급하고 있는 제1호 피보험자를 개호보험의 대상에서 제외하고 개호급여비를 전액 생활보호의 생활부조비에서 지급하도록 해야 한다."라는 의견도 있는 것 같은데, 이는 생활보호 수급자를 하나의 별도의 제도로서 대응하려는 것이므로 역행적인 의견이라고 할 수 있다. 특히 장애인 지원비제도의 통합이 과제인 상황에서 많은 장애인이 생활보호를 수급받고 있는 현실에서도 생활보호 수급자를 제2호 피보험자에서 제외하는 현행 제도는 개정이 불가피하다.

보험급여의 전면 개정

다음은 장애인 지원비제도를 개호보험과 통합함으로써 종래의 장애인복지서비스 수준이 보장될 것인가의 문제이다. 개호보험의 보험급여는 요개호도별로 단계적 정액제(중지제)인데 장애인 지원비제도에서 상한은 예산상의 기준이지만 서비스급여의 상한은 아니기 때문에, 보장수준에 차이가 있기 때문이다.

이 건에 대해서는 지원비제도를 통합한 경우는 개호보험의 수준에 맞추어 부족한 부분은 별도의 공비로 보완한다는 안이 유력한 듯하다. 예를 들면 마스다마사노부增田雅暢씨는 "개호보험의 급여 수준이 지금까지의 장애인복지 수준에 대응할 수 있을까?"라는 의문에 대하여 "개호보험은 사회보험으로서 동일한 급여를 원칙으로 하고, 개별성에 주목하는 급여는 부적당하다." "따라서 개호보험 급여를 기본으로 하고, 특별한 사정으로 급여가 필요할 경우는 조세재원 등에 의한 공적보조를 추가한다는 것이 현실적인 대처법이 된다."▲로 되어 있다. 즉, 장애인에게는 개호보험 급여로 부족한 부분은 별도 기준에 의해 공비로 대처한다는 것이다.

마스다마사노부와 같은 생각은 의외로 유력한 듯하다. 장애인부회의 논의에도 "전체를 논의하는 가운데 이것은 개호보험으로, 저것은 다른 제도로의 구분이 없으면 안 된다."는 의견(2004. 4)이 있다. 이러한 '구분' 론이 과연 유력한 것일까? 마스다마사노부의 논리에는 2가지 의문점이 있다. 첫째는 "사회보험의 성격에서 동일급여를 원칙으로 한다."라고 했지만, 사회보험을 소득보장형에 적용하여 정형적 급여로 해야 한다는

▲ 마스다마사노부, 『개호보험 개정에 대해 제언』, 法研, 2004. p.120.

오해가 있는 것은 아닐까? 사실 마스다마사노부는 다른 부분에서 "사회보험의 성격상, 일정한 보험사고에 대한 동일한 보험급여의 정형적인 급여가 되지 않을 수 없다."▲라고 단정하고 있다. 그러나 의료보험을 보면 알 수 있듯이 욕구가 동일하다면 급여도 동일한 것이 당연하고, 욕구가 다르면 급여도 다르기 때문이다. 사보험私保險이라면 몰라도 사회보험을 정형적 급여로 한다는 것이 반드시 타당한 것은 아니다. 문제의 본질은 통합된 신개호보험의 자립 개념과 제도체계를 어떻게 할 것인지, 고령자만을 위한 개호서비스로 한정하지 않는 장애인 대응의 서비스를 설치할 것인지 여부에 달려 있다. 사회보험이기 때문에 그것이 불가능한 것은 아니다.

둘째는 장애인 여부에 따라 추가급여의 유무가 결정되는 것이 공평성이라는 점에서 허용될 수 있는가의 문제이다. 장애인에게만 개호보험의 부족 부분을 별도의 제도로서 급여한다는 것은 똑같은 욕구를 지닌 다른 요개호자에게 불공평함을 느끼게 하는 것이고, 그런 제도는 장애인에게도 결과적으로 바람직한 것은 아닐 것이다. 따라서 장애인 지원비 제도를 개호보험에 통합한다고 한다면 부분적이 아니고 전체로서 통합해야만 하는 것이다. 그렇게 하기 위해서는 개호보험 급여서비스의 종류와 수준을 전면적으로 개정할 필요가 있다.

▲ 마스다마사노부, 『개호보험 개정의 쟁점』, 法律文化社, 2003. p.130

현 단계의 통합 보류

이상의 검토에서 분명히 알 수 있듯이, 첫째 개호보험 피보험자의 연령조건을 낮춘다는 것은, 가령 장애인시책을 개호보험에 통합한다 해도 보험급여를 받는 비율이 극단적으로 낮다고 생각할 수 있는 점에서 보험시스템으로서 정합성이 결여되기 때문에 부적당하다. 오히려 공적개호보장을 사회보험방식에서 공비부담방식(조세방식)으로 전환하여 이러한 모순을 해결해야 할 것이다.

둘째, 피보험자 연령조건을 내리는 것을 인정한다 해도 지원비제도의 통합은 현장에서는 전면적으로 이루어질 가능성이 거의 없다. 노인개호보험으로서의 현행 개호보험을 약간 수정함으로써 부분 통합되고 부족한 부분은 별도의 제도로 보완할 것으로 예상된다. 동일한 요개호 상태라도 장애의 유무에 따라 불공평이 발생할 우려가 있기 때문에 현 단계의 통합은 보류되어야 할 것이다.

이 점에 대해서 당장은 부분적이나마 통합하고, 단계적으로는 전면적인 통합이 이루어져야 한다는 생각도 있겠지만, 아무리 일시적이라 해도 제도적으로 불공평이 발생할 수 있는 요인을 만드는 것은 허용할 수 없을 뿐 아니라 장애인시책으로서도 유리한 정책이 아닐 것이다. 더욱이 현행 제도의 제2호 피보험자의 의료보험 가입요건을 철폐하지 않을 경우, 장애인의 상당한 부분은 생활보호 수급자이므로 개호보험이 적용되지 않고 결국 현행의 지원비제도 또는 유사한 제도에 계속 머무른다는 점을 지적해둘 필요가 있다.

사회보험방식
약화의 진행과
공적개호보장
■ ■ ■

　개호보험의 개정과제 중에서 피보험자의 연령조건과 장애인 지원비 제도의 통합문제를 중심으로 하여 보험원리와 관련된 적합성을 검토하고, 공적개호보장을 개호보험방식에 의해 실시하는 것은 처음부터 무리임을 앞서 밝혔다. 이 글에서는 공적개호보장의 실태로서 개호보험제도의 제정과정에도 논의의 중요한 테마였던 공비부담방식으로 할 것인가 사회보험으로 할 것인가의 논쟁의 기본적인 논점을 근거로 하여 그 후에도 진행해오던 사회보험의 약화현상을 다시 검토하기로 한다.

개호보험제도의 제정과정에서 구북유럽파를 포함하여 사회보험론자들이 주장한 것은 사회보험방식 쪽이 ① 개호서비스를 보편적으로 보장할 수 있다. ② 선택성을 확보할 수 있다. ③ 권리성을 확보할 수 있다. ④ 재원조달이 용이하여 공평성을 확보할 수 있다. ⑤ 공평한 이용자부담이 가능하다. ⑥ 서비스공급체계의 정비를 촉진할 수 있다. ⑦ 의료 등 기존 관련 제도와의 정합성을 도모할 수 있다는 것 등이었다. 그러나 이러한 사회보험방식의 장점이 반드시 사실이 아니라는 것은 다른 논문에서 서술한 바 있고 여기서는 예시적인 설명만 하겠다.[*]

공동화(空洞化)의 진행, 해체현상의 표출

개호보험이 보편적인 서비스를 보장할 수 있다는 것이 사실이 아닌 것은 사회보험방식 고유의 배제원리를 보면 분명히 알 수 있다. 따라서 사회보험방식에 의해 보편적으로(개호욕구가 있는 모든 사람에게) 개호서비스를 급여하는 것은 처음부터 불가능하다. 사회보험방식은 본질적으로 보편성[**]이 결여되어 있기 때문에, 저소득자가 사회보험에서 탈락하는 것은 불가피한 일이다. 이런 저소득자에 대해서는 할 수 없이 상대하지 않든가 혹은 별도의 제도(공적부조제도)를 준비해야 한다.

[*] 이 점에 대해서 상세하게는 사토미켄지 · 니키류 · 이토우히로부미의 『公的介護保險に異議あり - もう一つの提案 -』(ミネルヴァ書房, 1997(1996) 제1부 제3장(里見편)을 참조할 것.
[**] 보편성 · 보편주의 개념에 대해서는 사토미켄지의 「사회복지 재편기(再編期)에 있어서 사회복지 패러다임 - 보편주의 · 선별주의의 개념을 중심으로 -」와 아베시로(阿部志郎)외 편의 『전후사회복지의 총괄 21세기의 전망Ⅱ. 사상과 이론』(일본사회복지학회기념출판, ドメス, 2002)을 참조할 것.

가령 공적부조에서 구제한다고 해도 제도의 이중화에 따른 제약을 피할 수 없을 뿐 아니라 공적부조로 구제되지 않는 보더라인 계층을 만들어 낼 수밖에 없는 결함이 있다.

이는 제도 시행 전부터 이론적으로 분명히 드러났던 것이지만 제도 시행 후의 현실에서 더욱 명확하게 드러난다. 예를 들면 2002년의 「개호보험사업상황보고(연보)」에 의하면, 제1호 피보험자의 보험료 체납률은 1.6%(특별징수 0%, 보통징수 8.1%의 평균)였다. 보통징수에서 벌써 8.1%의 체납이 발생하였다. 개호보험료가 반년치인 반액만 징수되었던 2000년의 체납률을 보면, 보통징수에서 7.2%였던 것을 볼 때 체납률은 조금씩 증가했다고 할 수 있다. 또한 여기서 말하는 체납률은 보험료 조정액에 대한 실제의 수납액을 계산한 것으로 금액 기준의 체납률이다. 하지만 연금에서 원천징수하는 특별징수의 경우, 평균보험료에서 개별 징수하는 보통징수자의 보험료보다 높기 때문에 인원을 기준으로 하면 체납률은 훨씬 더 높아질 것이다.♣ 추정하건대, 보통징수자의 비율을 3할이라고 한다면 당시의 제1호 피보험자 2,393만 명 중에서 718만 명은 보통징수자이고 체납자는 58만 명이 된다. 이런 사람들이 요개호 상태가 되면

♣ 동 연보 2002년판에서 특별징수와 보통징수의 비율(금액 기준)을 보면, 특별징수 조정액 6,558억 엔, 보통징수 조정액 1,600억 엔, 계8,158억 엔이므로 특별징수가 80.4%, 보통징수가 19.6%가 된다. 이것은 금액 기준의 수치이기 때문에 인원을 기준으로 계산하면 특별징수자의 평균보험료가 보통징수자의 보험료보다 높게 추정되기 때문에 보통징수자의 비율이 훨씬 높아진다고 생각된다. 후생노동성은 제도설계를 함에 있어서 연금 연액 18만 엔(월액 1.5만 엔) 이상자는 연금에서 원천징수(특별징수)함으로써 제1호 피보험자의 8할은 특별징수, 2할은 보통징수로 하였지만, 금액을 기준으로 할 때 어찌되었든 인원 기준에서는 보통징수자가 2할보다도 훨씬 더 많다고 추정한다.

어떻게 대처할까? 불안한 상태이다.

공비부담방식으로 개호보장을 제도설계한다면 이러한 폐해를 피할 수 있고, 확실히 보편적인 개호욕구에 대응할 수 있다. 공비부담방식에 대한 후생성의 평가처럼 이는 권리성이 전혀 없는 행정처분의 한 형태라고 평가하고, 실제로 그렇게 운용한 조치제도를 확인한 사람들은 공비부담방식은 개호서비스의 보편적 제공이 불가능하고, 권리성도 확보되지 않는다고 비판할 것이다. 물론 후생성이 실제로 운용하던 당시의 조치제도라면 물론 그것은 불가능할 것이다. 그러나 공비부담방식은 그런 조치제도의 형태만 있는 것이 아니다. 그것은 자산조사와 소득조사 등을 통해 저소득자를 선별하여 급여하는 선별적 공비부담방식과 자산과 소득에 관계없이 욕구만을 요건으로 하여 급여하는 보편적 공비부담방식으로 크게 분류된다.

현실의 조치제도는 후생성에 의해 사실상 선별적인 공비부담방식으로서 운용되었지만, 공적개호보장제도에서 지향하는 것은 보편적 공비부담방식이다. 일본 사회보장제도에는 이러한 의미의 보편적인 공비부담방식의 예는 현재 상황에서는 없다고 할 수 있지만, 복지 이외의 영역에서 볼 때 의무교육은 그러한 예가 될 수 있다. 의무교육은 보호자의 납세액의 많고 적음에 관계없이 학령기의 아동이 교육을 받을 수 있는 것은 권리이고 의무로 한다. 이렇게 개호욕구만을 조건으로 하여 서비스 급여를 공비부담방식으로 설계하는 것은 복지의 영역에서도 실현 가능하다. 2003년 4월부터 도입된 장애인 지원비제도는 서비스 수급이 반드시 권리가 아니고 여전히 반사적 혜택에 그치는[1] 등, 몇 가지 문제점이 있기는 하지만 공비부담방식의 구조에서도 이용자의 선택과 자주성, 주체성을 존중하는 구조가 실행 가능함을 보여주고 있다.

개호보험제도의 책정 과정에서 지적된 문제점은 제도 실시 이후 현실에서 계속 나타났다. 특히 중요한 것은 개호보험에 한정된 것이 아니고 사회보험방식의 약화弱化현상이 진행되고 있다는 것이다. 이미 다른 글[2]에서 지적했지만, 이 사태는 더욱 심각화지고 있기 때문에 여기서 다시 검토하기로 한다.

여기서 말하는 사회보험의 약화란, 첫째 사회보험의 공동화空洞化현상, 둘째로 사회보험과는 다른 요소의 혼입·침투가 나타나는 것으로 사회보험의 해체현상의 표출을 말하며 이러한 현상을 필자는 일찍이 약화원문에는 열화(劣化)라고 되어 있음: 역자주라고 정의하였다. 여기서 이러한 정의를 반복하는 이유는, 그러한 현상이 사회보험방식의 우위성을 주장하는 근거를 무너뜨리고 사회보험방식 자체를 스스로 부정하며 역으로 공비부담방식의 타당성을 부각시키기 때문이다.

[1] 오카베코우스케(岡部耕典)의 「지원비 지급제도에 있어서 '급여'를 둘러싼 고찰」(『사회정책연구』 제4호, 2004. 4. 동진당) 참조.
[2] 졸고, 「약화하는 사회보험방식과 개호보험을 검증한다(상)(하)」(『社會保險旬報』, 2002. 7. 21; 8. 1) 참조.

사회보험의 공동화

첫째, 사회보험의 공동화현상은 국민연금 제1호 피보험자의 보험료 체납률이 37.2%(2002)에 달한 충격적인 사실이 상징하는 것처럼 개연금체제의 심각한 동요가 표출되고 있음을 가리킨다. 게다가 이러한 공동화현상은 국민연금에 한정된 것이 아니다. 후생연금도 신설법인의 18%가 적용을 회피한(「朝日新聞」, 2004. 4. 20. 조간) 것에서 알 수 있듯이 이러한 현상은 점점 널리 진행되고 있다. 정도는 다르지만 국보國保와 건보健保 등에서도 이러한 현상이 나타나고 있다. 개호보험은 제도가 시행된 지 얼마 되지 않았기 때문에 이러한 현상이 비교적 적다. 그러나 이미 서술한 것처럼 제1호 피보험자의 1.6%(보통징수자는 8.1%, 금액 기준)가 체납자이고, 공적연금제도와 의료보험의 공동화 진행과 더불어 이러한 체납이 더욱 심각해지는 것은 사실이다. 특히 개호보험 제2호 피보험자는 의료보험 가입자로 되어 있기 때문에 의료보험의 공동화 진행의 영향을 전면적으로 받게 되는 것도 강조해두어야 한다.

이용자부담의 소득비례부담제로 이행

제2의 사회보험에 대한 이질적인 요소의 혼입은 여러 곳에서 나타난다. 여기서 거론할, 이용자부담제를 소득비례부담제로 이행하는 것도 그 중에 하나이다.

이것은 현재 의료보험제도를 중심으로 하여 나타나는 현상이다. 이미 알려진 대로 2000년의 의료보험제도 개정에서 고액요양비제도에 '상위 소득자'(건강보험의 경우 표준보수월액 56만 엔 이상) 개념을 새롭게 설정하고, 종래 기준을 '일반'으로 한 소득비례부담제를 도입하였다. 더욱이 2002년 의료보험제도의 개정에는 70세 이상자의 이용자부담(환자부담)에 대해서 정률부담제를 도입하고, 1할 부담의 '일반'과는 달리 2할 부담 '일정 이상 소득자'(부부의 연간 수입이 약 637만 엔 이상)의 2단계제로 하고, 고액요양비제도에 상당하는 고액의료비제도(70세 이상 적용)에도 '일반'과는 달리 '일정 이상 소득자'를 설정함으로써 여기서도 소득비례부담제를 채택하였다.

개호보험을 도입한 지 얼마 되지 않았기 때문에 이용자부담이 1할이지만, 70세 이상 의료 이용자부담을 1할 또는 2할로 설정한 이상, 개호보험도 그것에 맞추어야 한다는 논의를 피할 수 없다. 현재의 재정제도 등 심의회와 경제재정자문회의 등에서 그런 주장이 나오고 있고, 조만간 현실화될 염려가 많다.

애초부터 개호보험론자는 조치제도로는 불공평한 소득비례부담형의 이용자부담이 불가피하지만 사회보험방식의 장점 중 하나인 공평한 수익비례부담형의 이용자부담으로 하는 것이 가능하다는 점을 강조해 왔다. 그렇다면 상기와 같은 2단계 소득비례부담형 이용자부담의 등장은 사회보험의 장점을 크게 손상시킨 것이다.▲

▲이에 대한 반대의 생각도 있다. 예를 들면 70세 미만의 고액요양비와 새롭게 제안된 70세 이상의 자기부담 한도액제도에 대해서도 원래 '일반'과 '저소득자'가 구분되기 때문에 '상위소득자' 혹은 '일정 이상 소득자'의 구분을 추가하여도 원칙의 변경이 아니라는 의견도 있다. 그러나 '일반'을 기준으로

마스다마사노부는 이에 대해, '사회보험의 복지퇴행현상'이라 명명하였고, "고령자 중에서 소득 수준이 높은 사람은 보험료도 고액인데다가 이용자부담도 고액이라는 상황이 된다. 조치제도라면 몰라도 사회보험 중에 '복지퇴행현상'이라 할 만한 구조가 있다면 이는 사회보험방식인가, 조세방식인가 라는 논쟁에도 영향을 줄 것 같다."고 염려하였다. 조치제도에는 소득비례부담형 이용자부담이 필연적인지 여부에 대해서는 후술하겠지만, 마스다마사노부의 염려대로 개호보장을 사회보험으로 시행하는 장점 하나가 크게 흔들리기 시작한 것이다. 또한 공비부담방식이 반드시 소득비례부담형 이용자부담방식을 병행해야 할 이유는 없다. 국공립고교·대학의 수업료처럼 동일 서비스·동일 요금을 원칙으로 하는 것이 가능하기 때문에 복지퇴행현상이라고 칭하는 것은 적절하지 않다. 따라서 이를 '사회보험방식의 약화'라고 이해해야 할 것이다.

하고 '저소득자'를 감면제도로 구분하는 것은 '상위소득자' 등의 개념을 신설하는 것과는 결코 같지 않다. 전자는 일률부담의 예외인 감면제도이지만, 후자는 분명히 소득비례부담형의 이용자부담방식이라고 해야 한다. 부담능력이 있는 사람에게 부담하게 하는 것은 재원조달 수준에서 시행되어야 할 문제이고, 이용자부담의 수준에서는 바람직하지 않다.

전게 마스다마사노부, 『개호보험 개정에 대해 제언』 p.59.
전게 졸공저, 『公的介護保険に異議あり - もう一つの提案 -』, pp.57-59.

<table>
<tr><td>

동일 서비스 · 동일 요금 원칙

</td><td>

이용자부담의 실상을 어떻게 생각할 것인가에 대해서는 어려운 논점이 있지만, 여기서는 다른 글[*]에서 지적한 점을 다시 강조하기로 한다.

</td></tr>
</table>

일반적으로 '부담'이라는 것은 재원부담과 서비스 등 이용 수준의 부담의 2종류가 있고, 이를 구분해서 생각하는 것이 필요하다. 첫째 재원부담은 세금 · 사회보험료의 부담으로 이루어지고 소득비례부담형이 원칙인 것은 널리 알려져 있다. 둘째, 이용자부담의 논의는 2종류로 구분되는데 다음과 같이 생각해야 한다.

의료와 사회복지서비스(개호 포함)의 이용자부담은 법률상 이용료, 분담금, 부담금 등으로 나누어 규정하는 경우가 있는데, 그러한 법률상의 정의가 다름에도 불구하고 성격은 공공서비스의 이용료(공공요금)의 일종이라고 인식해야 할 것이다. 공공서비스 요금이라면 동일 서비스, 동일 요금을 원칙(수익비례부담형)으로 하는 것은 당연하고, 오히려 동일 서비스를 이용했는데도 불구하고 요금(이용자부담)을 달리 한다는 것이야말로 이상하다. 단, 필수 서비스인 의료 · 사회복지서비스에 대해서 이용자부담은 저소득자의 이용을 막지 않기 위해 이용자부담은 될 수 있는 대로 저액으로 하고 나아가서는 저소득자 감면제를 설정할 필요가 있다. 현재 고가인 국공립고교 · 대학의 수업료도 해당하는지 여부는 별도의 문제이며 다만 하나의 예일 뿐이다. 즉, 동일 서비스 · 동일 요

---

[*] 졸고, 「사회복지정책의 동향과 논점」(일본사회복지학회, 『사회복지학』 제28-1호, 1987년) 및 졸공저, 『복지재정론』(ミネルヴァ書房, 1989. pp.327-330) 참조.

금의 이용자부담(이 경우는 수업료)을 원칙으로 하되, 본인의 신고에 의한 감면제를 병용한다.

따라서 이용자부담에 대해서는 공비부담방식이나 사회보험방식에서 모두 저액의 수익비례형부담제와 저소득자의 감면제가 기본이 된다. 종종 공비부담방식의 이용자부담은 소득비례부담형이라고 오해하지만 고교·대학의 수업료에서 볼 수 있듯이 공비부담방식에서도 수익비례형 이용자부담제도를 설계하는 것은 가능하다. 오히려 지금까지 일본의 복지제도가 다른 공공요금에서는 찾아 볼 수 없는 소득비례부담형의 이용자부담방식을 선택했던 것이 이상한 일이다.

장애인 지원비제도에서도 이용자부담은 상한을 지원비 전액으로 하고, 부담능력에 따라 단계적으로 감액하는 방식이 여전히 답습되고 있다. 그 단계는 지정시설의 경우 대상수입 구분(본인) 40단계, 세액 구분(부양의무자) 18단계로 세밀하게 구분되어 있다. 이런 조치비(지원비) 전액부담원칙, 단계적 감면제라는 부담방식의 배후에는 사회복지서비스를 사사로운 것으로 생각하는 것이 잠재되어 있기 있기 때문이다.

이렇게 사회보험에 소득비례부담형을 도입한 것은 이론적인 정합성이 없고, 취하기 쉬운 곳에서 취한다는 편의적 조처에 지나지 않는다. 이런 행태의 임시방편 대책은 사회보험방식 약화의 진행을 나타내고 그 기반이 붕괴된 것이라 하지 않을 수 없다.♣

♣ 사회보험에 있어서 소득비례부담형 이용자부담의 도입과 유사한 현상은 같은 사회보험급여에 대한 소득제한 도입의 움직임을 들 수 있다. 이 소득제한의 문제에 대해서도 사회보험방식 신봉자는 공비

또한 개호서비스를 포함한 사회복지서비스 이용자부담의 실태에 대해서 수익비례형 부담방식을 지지하는 연구자는 개호보험방식 비판자 중에서도 의외로 많다. 그 예로, 이토우슈헤이伊藤周平와 요코야마쥰이치橫山純一를 들 수 있다. 그러나 이미 서술한 것처럼 사회복지서비스도 일종의 공공서비스이고 그 요금(이용자부담)은 동일 서비스, 동일 요금으로 하는 것이 원칙일 것이다. 따라서 같은 서비스를 받으면서 소득계층에 따라 요금이 다른 사회복지서비스의 이용자부담방식이 이상한 것이고 이를 하루 빨리 개선할 필요가 있다. 이 경우 이용자부담은 저액의 수익비례부담제를 원칙으로 하고 저소득자에 대해서는 본인 신고에 의한 감면제를 취해야 한다. 세금과 사회보험료 등의 재원조달 수준에는 소득비례부담제가 원칙이지만, 거듭하여 이용자부담의 수준에서도 소득비례부담제를 채택할 필요는 없다.

부담방식의 결점의 하나라고 비판을 해왔다. 예를 들면 호리카츠히로(堀勝洋)의 『현대사회보장 · 사회복지의 기본문제』(ミネルヴァ書房, 1997. pp.83-85)는 그런 비판의 예이다. 그러나 공비부담방식에서도 소득제한을 도입할 것인지 여부는 제도설계에 달려 있다. 반면에 사회보험방식에서도 알려져 있는 것처럼 소득제한 도입이 최근에 논의되고 있다. 예를 들면, 공적연금 고액소득자에 대한 지급제한의 논의이다. 이러한 논의 자체가 "소득제한이 없는 것이 사회보험방식의 하나의 장점이다."라는 사회보험론자의 주장을 무너뜨리고 있기 때문이다.
이토우슈헤이, 『개호보험의 재고(再考)』, ちくま新書, 2001. p.222; 요코야마쥰이치, 「개호보험의 문제점과 공적개호제도의 전망」(진노나오히코(神野直彦) · 카네코마사루(金子勝)편, 『주민에 의한 개호의료의 세이프티넷』, 동양경제신문사, 2002. p.141). 또한 요코야마쥰이치는 「개호보험법의 전면개정을」(진노나오히코 · 카네코마사루편, 『'복지정부'에 대해 제언』, 岩波新書, 1999)이라는 분담논문에서, "동일서비스에는 동일요금(이용자가 받는 서비스의 1할 부담)을 원칙으로 하고 저소득 이용자에게는 감면제도를 두는 것으로 한다."(p.83)라는 반대의 주장을 하고 있다. 왜 생각을 전환했는가에 대해서는 설명하지 않았다.

사회보험원리와 괴리된 노인보건 갹출금

사회보험방식의 약화를 보여주는 또 하나의 예로, 사회보험원리로 설명하기 힘든 재원부담방식이 계속 확대되는 것을 들 수 있다. 노인보건제도의 갹출금은 그러한 최초의 예이다. 이 제도의 원칙은 70세 이상(당시) 고령자는 어떤 종류 일본에는 연령, 직업에 따라 다양한 의료보험이 있다: 역자주 라도 의료보험제도에 가입하여, 의료급여는 시정촌의 노인보건제도에서 급여를 받도록 하고, 재원의 7할(당시)은 각 의료보험제도의 갹출금으로 조달하도록 도입되었다.

이 노인보건 갹출금에 대해서 츠츠미슈죠堤修三는 "사회보험계에서 보험자로부터 급여비 외에 재정지출을 요구한 효시嚆矢"라 하였고, "보험자가 원래 지불해야 하는 의료비를 시정촌이 대신 지불하고, 각 의료보험제도상의 급여 의무를 면제해주기 때문에 이에 따른 재산상의 이익을 받는 것이 된다. 즉, 의료보험의 보험자는 결국 노인보건제도의 제도상의 수익을 근거로 노인보건제도에 대한 갹출을 요구하는 것이다. 노인보건 갹출금의 기본 성격은 수익자부담금으로 생각해도 된다."라고 하면서 "보험자에게 재정지출을 요구하는 근거"가 있다고 설명한다.✿ 그리고 문제는 "그 재정지출이 각 제도의 보험자에게 할당되는 기준"에 있고, 가입자 안분율 100%라는 제도가 문제를 악화시킨다고 한다.

과연 그런 것일까? 츠츠미슈죠처럼 노인보건 갹출금을 수익자부담금으로 규정한다면 의료보험자는 의료비 안분방식으로 부담배분하면 충분할 것이다. 그러나 만약 그런 이유에서라면, 원래 노인보건제도를 새롭게 만들 필요는 없다. 각 의료보험제도에서 고령자 의료급여를 하면 되기 때문에 노인보건제도의 신설 목적은 수익자 부담금으로서의 각출금 징수는 아니었을 것이다. 단적으로 말하자면 그것은 제도적으로 고령자를 가입자로 하여 받아들일 수밖에 없는 국민건강보험의 적자구제가 목적이고, 이를 위해 당초 가입자 부담률 50%, 의료비 안분률 50%에서 출발하여 피용자 의료보험의 각출금 부담의 격변을 완화시키면서 드디어 가입자 부담 100%가 되는 것을 예상하지 않았기 때문이다. 더욱이 제도의 모순이 드러나고, 공비부담 비율을 50%로 인상하지 않을 수 없었다.

따라서 노인보건 각출금은 수익자부담의 측면이 없지 않지만, 여기에 부담의 근거가 있었던 것은 아니고, 실질적으로는 국민건강보험 적자구제가 목적이다. 그 근거를 사회연대로 설명하지 않을 수 없었다고 해야 한다. 이를 납득시키기 위해 '수익자부담'이라는 설명이 덧붙여진 것이다. "보험자에게 재정지출을 요구하는 근거와 그 재정지출을 각 제도의 보험자 각각에게 할당하는 기준은 달리 생각해야 한다."라는 츠츠미슈죠의 주장과는 반대로, 사실 재정지출을 요구하는 근거와 부담배분의 기준은 사회보험의 구조를 한정하여 생각하는 한 국민건강보험 구제라는 제도 목적에서 본다면 아주 밀접하게 연결되어 있었던 것이다.

국민건강보험 구제가 물론 필요하지만 사회보험원리로는 설명할 수 없는 노인보건 각출금이라는 구조에 의해서가 아니고 공비투입에 의해 실시해야 했다. 그런데도 불구하고 당초에 의료비 부담률 50%를 상당히 수익자부담의 요소로 남김으로써 결국 의료비 부담률을 없애고 사회보험원리로는 설명할 수 없게 된 것은 재원조달의 용이함을 우선시한 결과였다.

공비부담방식으로 전환이 필요

이러한 노인보건 갹출금은 제도의 취지에서 본다면, 사회보험원리로 정당화하는 것이 애초부터 곤란한 데도 불구하고 재원조달의 용이함을 우선시하는 사회보험의 구조에서 무리하게 실시하게 함으로써 그 약화가 표면화되었다. 반면 공비부담방식의 타당성은 오히려 부각시킨 결과가 되었다. 이렇게 한번 원리원칙을 무시하기 시작하면 이의 영향은 조금씩 점차 파급되어서 드디어 제도 전체를 약화시키고 부식시키는 결과가 된다. 그 구체적인 예의 하나는 퇴직자 의료제도에서도 볼 수 있다. 츠츠미슈죠도 인정한 것처럼 이 제도는 사회보험원리로는 설명하기 어렵다.

개호보험 제2호 피보험자 보험료도 앞에서 검토한 것처럼 사회보험원리로 설명할 수 있는 부분이 적고, 그 괴리가 두드러진다. 이것도 약화의 한 예이다.

에구치타카히로(江口隆裕)는 종합복지보험 구상을 설명하면서, "왜 세금으로는 안 되는 것일까? 안이하게 재원을 조달하고 안이하게 사용한다는 발상과, 그것 때문에 사회보험을 지향하는 것이라면 그것이야말로 사회보험의 붕괴라고 생각한다." "단적으로 말하자면 복지서비스가 충분하지 않은데 세금을 계속 사용해도 되는 것인가? 그런 논의 없이 왜 사회보험으로 하는 것인가?"(『사회보험순보』 2003. 8. 21. p.28)라고 서술하고 있는데 이는 타당한 지적이다.

이것은 본래 고령자독립의료보험 구상으로 검토중인 '사회연대적인 보험료'를 의미한다. 주지하는 것처럼 정부는 「건강보험법 등의 일부를 개정하는 법률부칙 제2조 제2항의 규정에 기본을 둔 기본방침(의료보험제도체계 및 진료보수체계에 관한 기본방침)」(2003. 3)을 각의결정閣議決定하고, 그 가운데 고령자의료제도에 관해서 「75세 이상의 후기고령자와 65세 이상 75세 미만의 전기고령자의 각 특성에 맞는 신제도」를 구축하여, 후기고령자를 위한 독립의료보험제도를 창설하고, 전기고령자는 국민건강보험 또는 피용자보험에 가입하게 함을 기본으로 한 이상, 제도 간의 부담의 불균형을 조정하는 것이다. 그리고 후기고령자의 독립의료보험의 재원에 대하여, "가입자 보험료, 국민건강보험 및 피용자보험으로부터 지원 및 공비에 의한 조달"로 하였다. 또한 "국민건강보험 및 피용자보험의 지원에 대해서는 별도의 사회연대적인 보험료에 의해 조달한다."▲로 하였다.

문제는 '사회연대적인 보험료'에 있다. 이 제안은 노인보건제도가 피용자의료보험의 각출금 부담의 과중함과 한계라는 문제가 있다는 데에서 출발한다. 이를 대신할 수 있는 제도를 필요로 하는 시점에서 대체안으로서 사회연대적인 보험료가 제안된 것이다. 하지만 결과는 반대로 한층 더 혼미해졌다. 왜냐하면 후기고령자를 위한 독립의료보험제도의 창설로 인해 후기고령자가 국민건강보험과 피용자보험의 피보험자가 되는 것이 아니고, 국민건강보험과 피용자보험이 피보험자가 아닌 자(고령자 독립의료보험)에 대한 보험료를 부담하는 것을 사회보험원리에서는 설명할 수 없기 때문이다.

따라서 이러한 문제를 사회연대적인 보험료라는 것으로 정당화하고자 하지만, 사회보험원리를 어떻게 해석하여도 피보험자가 아닌 자에 대한 갹출은 이론적으로 불가능하다. 츠츠미슈죠도 "국민건강보험과 피용자보험에서 피보험자 자격이 없는 후기고령자 전체의 의료비를 국민건강보험과 피용자보험의 보험자가 부담하는 근거를 찾는 것은 적어도 종래의 입법에서는 매우 곤란하다고 할 수밖에 없다."(전게 논문)라고 지적하였다. '사회연대'를 말하고자 한다면 사회보험이라는 틀 안에서는 생각할 수 없고 오히려 공비투입으로 하는 것이 일리가 있다. 여기서도 사회보험방식의 한계와 공비부담방식의 타당성을 보여준다.

또한 츠츠미슈죠는 정부의 '기본방침'은 전기고령자의 퇴직자의료제도를 폐지하는 것이고, 전기고령자의 연령 구조조정(재정지원)을 실시한다는 것에 대해서도 그 근거에 의문점을 제기한다. "어떤 예산을 말하는지 알 수 없지만 정부는 비현실적이고도 매우 곤란한 길을 선택하려는 것이 아닌가"(전게 논문)라는 의문을 드러내고 있고, 이 점에 대해서는 필자도 찬성이다.

이상에서 지적한 사회보험방식의 약화현상은 개호보험에 있어서, 이 제도를 도입한 지 얼마 되지 않았고 아직 부분적으로밖에 현재화顯在化

되지 않았지만 분명 조만간 파급이 있을 것이다. 이러한 약화현상은 사회보험방식으로 제도를 구성하지 않으면 안 된다는 근거를 점점 뒤흔들면서, 역으로 공비부담방식의 타당성을 입증한다고 할 수 있다.

사회보장제도는 그 발전과정에서 서서히 발을 내딛고 있기는 하지만, 이념적으로는 '자조의 보완물'에서 '자조의 전제조건'으로 서서히 전개되고 있고, 차후에는 보편주의로 지속적으로 향상될 필요가 있다. 개연금, 개보험, 개의료, 개복지(개개호)를 실현하기 위해서는 사회보험방식 중심형에서 공비부담방식 중심형으로 대담하게 전환할 필요가 있다. 요컨대 기초연금과 의료, 개호 등의 현물서비스 급여형의 사회보장제도는 공비부담방식으로 전환하고 소득비례형 급여제도는 사회보험방식으로 실시하는 것이 기본적인 방향이다. 개호보험을 둘러싼 다양한 논점은 보편주의형 사회보장제도를 구축하는 기로를 부각시킨다고 할 수 있다.

사회보장의
그라운드디자인을

2004년 상반기 연금제도 개정 경과는 고이즈미小泉수상을 비롯하여 각료와 여·야당 간부를 포함한 국회의원의 국민연금 미납문제와 정보 조작 및 40곳에 이르는 법조문 개정의 실수 등 정계의 뻔한 거짓말에 대한 국민의 실망이 있었지만, 그 반면에 큰 관심을 불러 일으켰다. 그것은 '백년 안심' 이 아니라 '백년 불안' 이 될 수도 있는 연금제도의 현장에 대한 국민의 정상적인 반응이라고 할 수 있다.

제159회 통상국회 연금개혁의 평가에 대해서는 사토미켄지의 「보편적 연금제도의 확립·기초연금

한편 2005년 개호보험 개정을 위한 사회보장심의회 각부회에서 검토가 진행되었지만 여기서도 심의는 어려운 점이 많았다. 심의의 중점은 서비스 내용면에서는 개호예방 중점, 제도면에서는 피보험자 연령요건의 하향조절과 장애자 지원비제도를 다루고 있지만 후자에 대해서는 개호보험부회의 '개호보험제도 개정에 관한 의견'(2004. 7. 30)에는 일치점에 이르지 못하고 양론병기로 끝났다.

개호보험 개정의 다음으로 예정되어 있는 의료보험개혁도 특히 고령자의료보장제도의 실태를 둘러싼 논의는 곤란의 연속이다. 2003년 3월에 공표된 정부의 '의료보험제도체계 및 진료보수체계의 기본방침'에서는 75세 이상 후기고령자에 관한 독립의료보험제도를 창설하고, 그 재원은 고령자 자신의 보험료·공비부담·현역세대에게 갹출한 사회연대적인 보험료로 해결한다. 그 구체안은 사회보장심의회 의료보험부회 등에서 검토중이지만 이 '사회연대적인 보험료'를 둘러싼 논의는 복잡하고 착잡하여, 쉽게 일치점을 찾지 못했다.

이렇게 연금·개호·의료의 각 제도도 한쪽에서는 보험료를 인상하면서, 다른 한편에서는 급여율·급여수준 삭감과 수익자 부담(이용자 부담) 증가의 문제가 즐비하다. 이러한 사태를 방치해두면 '부담증가·

을 공비부담하는 방식으로」(『賃金と社會保障』 1373호, 2004년 7월 상순호)에 서술하였다. 이 논문에서는 민주당안(案)에서 언급하였다. '최저보장연금'이 이전의 구상인 '국민기초연금'으로 미스프린트되어 있다. 여기서 정정해두고 싶다.

개호보험개정의 논점, 특히 장애인 지원비제도와 통합문제 등에 대해서는 사토미겐지의 「사회보험시스템의 동요와 공적개호보장, 개호보험 개정의 논점」(상, 하)(『社會保險旬報』 2004. 7. 11; 7. 21) 참조.

이런 문제점에 대해서도 전게 졸고 (위의 각주)를 참조.

급여감소'가 끝없이 진행되어 부담증가를 견딜 수 없는 사람들이 사회보험제도로부터 줄지어 탈락하는 사태가 발생하고 사회보장제도 자체가 기능을 다 하지 못할 우려가 있다.

현재 요구되는 문제는 이러한 사태를 피하기 위해 어떻게 해야 할 것인가이다. 이를 위해서는 각 제도의 결함을 모른 체하며 잔재주를 일삼는 '개혁'에 시종할 것이 아니고 그런 결함을 극복하려는 사회보장의 '그라운드디자인' 제시가 요구된다. 바꿔 말하면 여러 가지의 모순과 결함을 드러내고 있는 현행제도의 구조를 전제로 하여 대책을 생각할 것이 아니라, 그 발본적인 전환을 포함하여 그라운드디자인을 구상하는 것이다. 구체적으로는 보편주의형 사회보장시스템을 설계·구축하는 것이다.

현행 사회보장제도의 모순과 결함

일본의 사회보장제도 중에 연금제도는 1961년 4월의 국민연금법에 의해 갹출제 국민연금제도의 시행 이후 이른바 '국민개연금'을 표방했다. 또 의료보험제도는 같은 해인 1961년 4월 국민건강보험사업의 모든 시정촌의 의무화를 계기로 '국민개보험'을 내세웠다. 다른 나라의 대부분이 반드시 '개연금', '개보험'을 제도설계의 전제로 하지 않는 것을 생각한다면 이 점은 일본의 특질이다. 적어도 연금과 의료에 대해서 보편주의형 제도를 이념으로 지향해야 하지만 후술하는 것처럼 문제는 거기에 어느 정도의 실효성이 있는가 하는 점이다.

이에 대해서 사회복지의 모든 제도, 특히 노인복지제도에 대해서는 경제적 요건을 입소요건의 하나로 한 양호노인홈을 비롯하여 오랫동안 사실상 저소득계층에 초점을 맞추어 시책이 전개되었다. 그것이 다소 변화하기 시작한 것은 1980년대 이후의 일이다. 예를 들면, 홈헬프서비스(당시는 노인가정봉사원 파견사업)에 대해서는 그때까지 저소득세대에 파견대상을 한정했고, 유료화를 조건으로 일반세대(소득세 과세세대)로 확대하였던 것이다. 이것은 파견대상의 보편화라고 일컬었다. 분명히 저소득자로 한정했던 단계에서 유료화를 조건으로 하기는 했지만 일반세대로 파견대상을 확대한 것은, 앞으로 유료화를 해소할 가능성이 있다면 보편화로 향한 접근과정으로서 평가하는 측면을 포함하지만 반면에 유료화를 조건으로 하는 한, 새로운 선별주의를 등장시키는 셈이다. 보편주의와는 다른 것이다.

어찌되었든 1980년대 이후, 사회복지 각 분야에서도 대상의 확대는 서서히 진행되었다. 때마침 정부의 복지억제정책에 따른 예산상의 제약으로 실제 사회복지서비스의 이용은 국민의 높아지는 욕구에는 미치지 못했다. 이 상황을 일변시킨 것은 개호보험의 도입이었다. 그런데 보험료와 이용자 부담능력이 있는 중간소득계층을 중심으로 이용을 확대시

보편주의 · 선별주의의 개념에 대해서는 사토미켄지, 「사회복지 재편기에 있어서 사회복지패러다임 - 보편주의, 선별주의의 개념을 중심으로」(『전후 사회복지의 총괄과 21세기의 전망 II- 사상과 이론 -』, 일본사회복지학회 50주년기념출판, ドメス출판, 2002) 참조.

킨 것이다. 반면에 중요시하지 않으면 안 되는 것은 저소득자계층을 배제하는 위험성을 내포하고 있기 때문에 큰 문제를 안고 있는 것이다.♣

그런데 이상에서 개관한 일본의 사회보장제도의 구조가 '개연금', '개보험'을 들고 있는 점은 보편주의처럼 보이기는 하지만 끊임없이 공동화空洞化가 진행되는 실상은 어쩔수 없었다. 연금제도는 국민연금보험료의 체납과 후생연금 가입사업소의 탈락과 같은 형태로 드러났다. 국민연금보험료의 체납은 제도의 발족 당초는 별도로 하더라도 4~5% 정도의 추이였지만, 1980년 중반부터 급속하게 체납률(금액 베이스)이 상승했다. 특히 1990년대 중반부터 급속도로 상승했고, 2002년에는 37.3% 까지 이르렀다. 이런 사태에 당황한 사회보험청은 차압을 포함하여 강제징수를 했지만 지금 현재의 상황에서는 이렇다한 효과는 없는 것 같다. 2003년도의 체납률 또한 36.6%를 기록하고 있다. 체납은 앞으로 저연금·무연금자를 만들 위험성이 있다. 또 체납의 기간에 의해 장애연금·유족연금을 받지 못하는 경우가 있기 때문에, 예를 들어 체납률이 낮아도 문제인데, 40% 가깝게 이르는 현상은 국민연금의 공동화를 무참하게 드러내고 있다.

문제는 국민연금만이 아니다. 후생연금에서도 본래 강제적용인 사업소의 상당 부분이 적용에서 누락되었다고 한다. 사회보험청의 조사로는 2002년 신설 법인의 18%가 적용에서 누락되어 있고 일본 총연의 시산에

♣ 개호보험의 문제점에 대해서는 사토미켄지,니키류,이토우히로부미, 『공적개호보험에 이의가 있다』 (ミネルヴァ 書房, 1996. 증보판 1997) 참조.

서도 후생연금에 가입해야만 하는 사람 중에 미가입자는 312~926만 명, 미가입률은 8~22%로 추정되고 있다(『朝日新聞』, 2004. 7. 3. 조간).

의료보험의 체납은 공적연금 정도는 아니지만 역시 심각하다. 2002년도 국민건강보험료의 체납률(금액 기준)은 전국평균 9.61%(『전국건강보험사업연보』 2002)이고 매년 조금씩 증가하고 있다. 세대수 기준으로는 2003년도의 체납세대가 19.2%까지 이르고 있다(『주간 사회보장』 제2295호, p.27).

개호보험에 대해서도 연금으로부터 직접 징수하는 특별 징수대상자는 별도로 하고 개별로 징수하는 보통 징수대상자의 체납률은 실시 처음년도의 6.8%에서 매년 조금씩 상승하여 2002년도에는 8.1%나 되었다(「개호보험 사업상황 보고」 2002).

공적연금제도를 필두로 하여 의료보험·개호보험에도 서서히 번지고 있는 보험료의 미납·체납은 저소득자계층을 중심으로 사회보험제도로부터 탈락이 진행되고 있다는 것을 나타내고 있다. 문자 그대로 개연금·개보험체제의 공동화가 심각함을 드러내고 있는 것이다. 개연금·개보험을 표방하는 일본의 연금·의료보장제도가 대량 탈락을 피할 수 없는 이유는 개연금·개보험이라는 목표와 그것을 실시하는 재정·운영방식인 사회보험방식과의 미스매치에 있다. 이것에 대해서는 별고♣에서도 서술했기에 여기서는 거듭하지 않겠다. 그러나 사회보험

♣ 사회보험방식의 특징과 문제점에 대해서는 사토미켄지의 「사회보험방식의 재검토」(『고령사회와 사회정책』 사회정책학회지 제2호, ミネルヴァ 書房, 1999)를 참조.

방식이 보험료의 갹출(부담)을 조건으로 하고, 보험사고 발생 시 현금 또는 현물 서비스급여를 제한한다면, 부담할 수 없었던 사람에 대해서는 "부담하지 않으면 급여배제"한다는 것은 분명한 것이고, 사회원리에 의해 일정의 수정을 한다고는 해도 최종적으로는 배제원리가 관철되지 않을 수 없는 것이다.

개연금·개보험을 목표로 하는 것은 적어도 연금과 의료에 관해서 보편주의형 사회보장시스템을 표방하는 것이지만 그것을 사회보험방식에 의해 실현하려는 것에 근본적인 모순이 있다. 여기에 현행 일본 사회보장제도의 가장 큰 딜레마가 있다.

개연금·개의료
개복지·개개호
체제의 구축

앞서 지적한 딜레마를 극복하는 선택은 단순화시켜 말하자면 개연금·개보험이라는 목표를 견지할 것인가, 아니면 포기할 것인가에 있다. 그것을 견지한다고 한다면 그것에 상응하는 재정·운영방식을 선택하지 않으면 안 된다. 포기한다면 현행 사회보험방식이라도 좋다는 것이 된다. 후생노동성은 현재 개연금·개보험을 견지한다고 계속 발언은 하고 있다. 그렇다면 사회보험방식으로 과연 그것이 가능한 것인지를 다시 검토해야만 한다.

우리에게 필요한 것은 제도체계 실태를 포함한 사회보장의 그라운드디자인이다. 필자 자신은 연금과 의료뿐만이 아니라 사회복지서비스(개호서비스를 포함)에 대해서도 이를 필요로 하는 사람이 소득과 자산의 유무에 관계없이 필요한 서비스를 받을 수 있는 시스템이 필요하다고 생각한다. 그 의미는 개연금·개보험을 비꼬아 표현하자면 개연금·개의료※·개복지·개개호시스템을 목표로 한다고 할 수 있다. 즉, 보편주의형 사회보장시스템을 말한다. 이를 실현하는 것은 사회보험방식으로는 원리적으로 불가능함을 이미 서술하였다. 따라서 공비부담방식으로 전환할 필요가 있다.

여기서 사회보장제도의 새로운 그라운드디자인을 간단히 정리해두기로 한다.

이미 서술한 것처럼 연금이나 의료서비스도, 게다가 사회복지서비스나 개호서비스도 모든 사람에게 과부족 없이 지급될 수 있도록 하는 것이 개연금·개의료·개복지·개개호체제의 목표이고 이 목표에 맞추어 사회보장제도 전반의 재구축을 도모하는 것이 필요하다. 지금까지 일본의 사회보장제도는 사회보험방식 중심주의 시스템만을 채택해 왔다. 즉, 사회보험방식이 주가 되고, 공비부담방식이 종으로 설계되었던 것이다. 이에 대하여 사회보험방식 중심주의에서 공비부담방식 중심주의로 대전환을 해야 할 것이다. 공비부담방식이 주가 되고, 사회보험방

※여기서 '개보험'이 아니고 '개의료'라고 한 것은 사회보험방식으로 보편적 의료보장을 실현할 수 없기 때문에 '개보험'이라는 용어는 적당하지 않기 때문이다.

그림 3_사회보장의 새로운 그라운드디자인

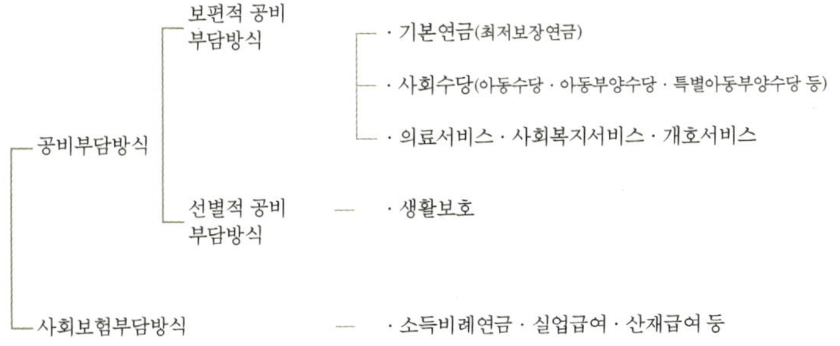

식을 종으로 하는 시스템으로 재설계하는 것이 새로운 그라운드디자인의 요점이다.

간결하게 결론부터 말하자면, 사회보장제도 중에서 소득비례형 급여에 관한 것은 사회보험방식으로 구축하고, 이 외의 정액급여형제도와 현물서비스급여제도는 공비부담방식으로 전환해야 하는 것이다. 이 관계를 간결하게 도식화하면 〈그림 3〉과 같다.

앞에서 언급한 것처럼 현행제도와 전환 후의 신제도(사회보장 그라운드디자인)를 대비하면 현행제도가 사회보장의 근간 부분인 연금·의료 · 개호 · 실업 · 산재_{일본에서는 노동재해라고 함: 역자주}를 사회보험방식으로 설계하고, 생활보호 · 사회수당 · 사회복지서비스 등을 공비부담방식(그것도 선별적인 방식)으로 부차적으로 실시하고 있는 것에 대하여 신제도의 그라운드디자인에서는 보편적 공비부담방식이 주축이 되어, 소득비례형 급여제도에 한하여 사회보험방식을 채택하는 제도로 설계되어 있고, 크게 제도체계를 전환하고 있는 것이 분명할 것이다.

이러한 소득비례연금을 비롯하여 소득비례형 급여제도를 공비부담방식의 대상에서 제외하고 사회보험방식을 계속하여 답습하는 이유는 현역시대의 소득 다과多寡에 비례하여 급여되는 이러한 제도의 재원을 공비(세금)로 조달하는 것이 공평성이라는 점에서 타당하기 때문이다. 원래 사회보험방식을 답습한다고는 해도 보험료의 노사부담 비율의 변경과 국고부담률 인상 등의 개선이 필요한 것은 말할 것도 없다.

개연금 · 개의료
개복지 · 개개호는
왜 필요한 것인가?

■ ■ ■

개연금 · 개의료 · 개복지 · 개개호체제의 구축을 선택한다고 한다면 논리필연적으로 공비부담방식으로 전환이 불가피한 것은 쉽게 이해될 것이다. 따라서 문제는 사회보장의 목적을 왜 개연금 · 개의료 · 개복지 · 개개호체제의 실현에 두는가에 있다. 이 목적을 이해할 수 있다면 그것을 실현하는 체제가 공비부담방식 이외에는 존재하지 않는다는 것을 분명히 알 수 있기 때문이다.

현행 사회보험방식의 한계에 대한 인식은 현실적으로 나타나는 모순에 의해 확대되었다. 현 단계에서 그것은 주로 연금제도를 중심으로 한 의문이다. 심도있게 제도 전환을 생각하는 연구자들도 흔히 볼 수 있다.

예를 들면, 히로이요시노리廣井良典는 사회보장의 기능을 '리스크분산'과 '소득재분배'로 구분하고 전자에 대응하는 제도를 '사회보험'으로, 후자에 대응하는 제도를 '복지'(공적부조)로 하는 것을 주장하고 있다(『일본의 사회보장』, 岩波新書, 1999, p.3). 그리고 이 기준에 근거하여 기초연금·고령자의료·고령자개호에 대해서는 "보험이 아니고 세금을 중심으로 한 제도"(=조세 방식)로 하고 있다(같은 책, p.90; pp.188~191). 히로이요시노리의 이 제안은 필자의 구상과는 다르다. 그것은 기초연금·고령자의료·고령자개호에 한정해서 공비부담방식으로 전환해야 한다는 것이고, 그 이유는 이 세 분야가 소득재분배적인 요소가 강하기 때문이라고 한다.

제도체계의 실태 자체에 관해서 이러한 제안이 나오는 것은 현행제도의 모순을 극복하기 위하여 환영해야 할 일이다. 그러나 히로이요시노리의 제안은 그 대안으로서는 중간적인 것에 지나지 않는다. 왜냐하면 그는 사회보장의 기능을 리스크의 분산과 소득재분배로 구분하고 공비부담방식(조세방식)을 후자로 한정하지만, 사회보장제도가 반드시 소득재분배를 직접적인 목적으로 하지는 않기 때문이다. 연금제도는 노령·장애·유족의 경우 각 경제생활의 보장을 목적으로 하고, 의료와 개호도 의료서비스의 제공·개호서비스의 제공을 목적으로 하므로 이를 실현하기 위하여 소득재분배적인 재원조달을 필요로 하기 때문이고, 이

의미에서 소득재분배는 사회보장과 불가분이지만 그 직접적인 목적은 아니라는 것이다. 둘째, 리스크 분산기능에 대해서 그는 그것을 사회보험과 직결하지만 반드시 리스크 분산이 사회보험의 전매특허는 아니기 때문이다. 왜냐하면 공비부담방식 또한 리스크 대처의 한 형태이기 때문이다.

이렇게 생각하면 히로이요시노리의 견해는 "구빈적 시책은 세금으로, 방빈적 시책은 사회보험으로"라는 전통사상의 영향을 지금도 강하게 받고 있고, 세금으로 이루어지는 시책범위를 확장한 중간적 수정이라고 할 수 있다. 분명히 구빈적 시책인 사회보장의 성립 이전 단계는 별도로 하고, 방빈시책이 등장하는 사회보장의 성립기에 '구빈정책=세금, 방빈정책 = 사회보험'이라는 도식이 성립하는 것은 역사적 경위로서는 충분히 이해할 수 있다. 왜냐하면 연금·의료·산업재해로서 성립한 비스마르크 사회보험은 임금소득이 있는 고용노동자를 대상으로 한 것이고, 그런 조건에서는 부담능력이 있는 이들에게서 보험료를 징수하는 사회보험방식을 채택한 것은 당시로서 당연한 것이었다. 고용노동자만을 대상으로 하는 시책을 세금으로 조달하는 것이 공평성이라는 점에서는 문제라는 사정도 지적해 두지 않으면 안 된다.

그러나 이러한 발생사적인 이해가 언제까지나 사회보장의 전형이라고 할 수는 없다. 방빈시책의 대상이 고용노동자에서 전 국민으로, 더욱이 국적 요건에 관계없이 모든 거주자(모든 시민)로 확장하는 것과 함께 사정은 변하고 있다. 그러한 방향을 선택하지 않는 나라는 사회보험방식이 여전히 주류이지만 대상을 전 국민으로 확장한 나라에서는 개연금 · 개의료 · 개복지 · 개개호라고 하는 목표와 사회보험방식이라는 재정 · 운영방식이 모순으로 나타나고 전환하지 않으면 안 되는 상황이기 때문이다.

이러한 전환은 인권이 생존권을 비롯해 사회권으로 발전하고 더욱이 생활의 기반인 모든 조건의 공동적 보장으로서 확장되는 것과 관련이 있다. 즉, 사회보장의 목적은 구빈에서 방빈으로 더욱이 이를 초월한 생활의 기반인 제 조건(연금 · 의료 · 사회복지서비스 · 개호서비스 등)의 공동적 보장으로 변화하고 있다. 즉, 보편주의 단계로 그리고 역사적으로 전개되고 있다고 할 수 있다. 이러한 역사적 전개는 부담능력이 없는 사람은 구빈적 시책으로, 부담능력이 있는 사람은 방빈적 정책으로 라는 선별주의가 불가피하게 동반하는 스티그마에 대하여, 인권의 현대적인 발전은 스티그마가 없는 제도를 요구하고 있는 것과 관계가 있다. 개연금 · 개의료 · 개복지 · 개개호로 표현할 수 있는 보편주의형의 사회보장제도는 이렇게 분명히 사회보장 이념의 전환을 의미하고 있기 때문이다.

물론 현 단계는 아직 방빈적 단계에서 보편주의 단계로 향한 과도기에 있고, 목적과 수단(사회보험방식)의 모순이 드러나는 단계이다. 이 단계의 선택은 공비부담방식으로 하여 개연금 · 개의료 · 개복지 · 개개호를 실현하는 길을 선택할 것인가, 반대로 그 목표를 포기하고 사회보장의 초기모델로 돌아갈 것인가로 나뉜다.

그러나 후생노동성이 지금까지 거론하던 개연금·개보험의 목표는 말하자면 불가역적인 것이고 일본 경제단체연합에서조차도 기초연금의 세금방식화를 제창할 정도이기 때문에 이를 중지하는 것은 사실상 불가능할 것이다. 그것 때문에 후생노동성은 보험료의 수납대책을 간구하고 있지만 어느 정도 정확하고 섬세한 수납대책을 세워도 저소득 보더라인계층의 탈락을 피할 수 없는 이상, 그리고 개연금·개보험을 중지하는 것이 사실상 불가능한 이상에는 조만간에 사회보험방식은 소득비례형 급여제도를 제외하고 그 밖의 제도는 공비부담방식으로 전환하는 것이 불가피할 것이다.

보편주의형 사회보
장시스템으로 이행
하는 과정

■ ■ ■

　일본의 사회보장제도를 보편적인 공비부담방식 중심형으로 전환하는 그라운드디자인을 실제로 실현할 때 해결해야 하는 몇 가지의 논점이 있다. 구체적으로 생각해보자.

　보편적 공비부담방식으로 전환을 필요로 하는 것은 현재의 사회보험방식으로 운영되고 있는 공적연금제도, 의료보험제도, 개호보험제도와 현재 선별적 공비부담방식으로 운영되고 있는 사회수당제도(아동수당, 아동부양수당, 특별아동부양수당 등)이다. 후자에 대해서는 수급요건에 소득제한을 철폐하면 바로 보편적 공비부담방식으로 이행할 수 있기 때문에 이행과정은 비교적 간단하다.

이에 대하여 사회보험방식에서 공비부담방식으로 전환하는 것에는 각 제도에서 공통적으로 보험료라는 재원에서 세금재원으로 전환해야 할 중요한 과제가 있다.

공비부담방식의 재원정책

공비부담방식에서 재원의 중심은 세금이다. 그렇다면 첫째, 직접세인가, 간접세(소비세 등)인가? 둘째, 목적세로 할 것인가, 일반세로 할 것인가?라는 논점이 있다. 이에 관해서는 지금까지 언급했던 별고[*]에서 서술했기 때문에 상세한 것은 그것을 참조하기 바란다. 여기서는 간단하게 요약적 설명을 하는 것으로 한다.

우선, 보편주의형 사회보장의 재원인 이상 이 이념에 어울리는 것으로 할 필요가 있다. 이 관점에서 말하자면 역진성에 문제가 있는 간접세(소비세 등)는 적어도 그 주된 재원에 상응하지 않는다고 하지 않을 수 없다. 따라서 공비부담방식의 주된 재원은 소득재분배적인 요소가 강한 직접세(소득세, 법인세)로 해야 할 것이다.

[*] 사토미켄지, 니키류, 이토우히로부미의 다음 논문 참조. 『公的介護保険に異議あり - もう一つの提案 -』 제1부 제4장 「공비부담방식의 재원정책」(ミネルヴァ 書房, 1996); 「사회보험방식의 재검토」(『고령사회와 사회정책』 사회정책학회지 제2호, ミネルヴァ 書房, 1999); 「공비부담 중심형 사회보장과 그 재원정책」(大阪府立大學, 『社會問題研究』 제49권 제2호, 2000. 3) 등.

둘째, 사회보장을 위한 세금재원을, 사용도를 특정짓지 않는 일반재원으로 할 것인가, 아니면 목적세로 할 것인가는 이론적 문제라기보다는 현실적 판단의 문제이다. 사회보험방식에서 공비부담방식으로 전환하면 그만큼의 사회보험료를 징수하지 않아도 된다. 한편 이를 위해서는 증세를 요하지만, 일본처럼 정치불신이 강한 나라에서는 일반세가 어디에 쓰이는지 알지 못한다는 이유로 증세의 찬성을 얻지 못할 가능성도 있다. 목적세로 하는 것도 현실적으로는 충분히 검토할 만한 가치가 있다. 또한 목적세가 아닌 지방교부세제도와 같은 특정세금을 사회보장 특별재원으로 지정하는 방법도 생각할 수 있다.

이렇게 공비부담방식으로 전환하기 위해서는 기존 세출의 개편에 의해 재원의 염출 외에도 일정한 증세를 요구한다. 첫째, 현재 징수하고 있는 기초연금분의 사회보험료가 필요 없게 되므로 이것 만큼은 세금·사회보장부담 전체를 생각할 때 국민경제상 큰 부담이 되지 않는다는 것이다. 둘째, 이 증세분은 국민 한사람 한사람에게 일률적으로 부과하는 것이 아니다. 기업 및 국민 각층의 부담능력을 배려하면서 수직적 공평성을 고려해야 한다는 것이다. 셋째, 일본의 세금·사회보장부담률(대GDP 비율)은 OECD가맹 30개국 중에 28위이고, 선진국 중 최저 수준에 있기 때문에 국민 각층의 부담배분방법을 잘 배려한다면 거시경제적으로는 증세가 충분히 가능하다는 것 등을 지적해 두고 싶다.

이미 지불된 보험료 취급의 문제

또 하나의 중요한 문제는 제도 전환 이전에 이미 지불한 보험료의 취급이다. 이 문제는 현행제도가 장기보험인가, 단기보험인가에 따라 문제의 양상은 달라진다. 현물서비스 급여의 단기보험인 의료보험·개호보험[*]에 대해서는 그 해의 보험료는 그 해의 의료·개호리스크의 보장비용으로서 지출했기 때문에 제도 전환에 해당하는 문제는 발생하지 않으므로 이행과정은 비교적 용이하다.

이에 대해서 장기보험인 연금보험제도의 경우는 공비부담방식으로 전환할 때에 재원문제 외에도 해결을 필요로 하는 과제가 있다. 그것은 이미 갹출한 보험료에 대한 급여처리의 문제이다. 이 문제에 대해서는 공비부담방식으로 국내최저 수준을 보장하는 '기본연금 (최저보장연금)'[**]을 만인에게 보장한다고 해도 이미 갹출한 보험료를 전부 무효로 할 수 없는 것은 분명하기 때문에 어떤 형태로든 급여를 해야 하는 것은 자명한 일이다. 문제는 급여의 방법에 달려 있다. 그 방법(이하에는 '구제도 급여의 선택지' 라고 한다)은 크게 3가지로 분류하여 생각해보자.

첫째, 이미 갹출한 보험료의 급여에 대해서는 현행 기초연금제도가 제도적으로 약속한 액수를 만액 급여하는 것이다(이것을 '약속액 급여

---

[*] 현행 개호보험은 개호급여비를 지급하는 것이고 이를 실행하는 한 표면적으로는 현금급여를 하고 있지만 대리수령이라는 구조에 의해 사실상 현물급여로서 실시되고 있으므로 여기서는 현물서비스로서 평가된다. 이 점은 피용자의료보험의 가족요양비의 급여에도 동일하다.

[**] 공비부담방식으로 설계하는 '기초연금' 을 현행제도의 기초연금과 구별하고 혼동을 피하기 위하여 이하에는 '기본연금' 또는 '기본연금(최저보장연금)' 으로 칭했으면 한다.

안'으로 한다). 40년 보험료 갹출의 전체급여액을 6만 6,000엔으로 한다면 공비부담방식으로 제도를 전환하는 시점에서 40년 간 갹출한 사람은 연금지급 개시연령에 도달한 후 기본연금액에 월액 6만 6,000엔을 더한 급여를 받는 것이 된다. 20년 간 갹출한 사람은 기본연금액＋3만 3,000엔, 제도 전환의 시점에서 아직 갹출 1년인 사람은 연금지급 개시연령 이후 기본연금액＋1,650엔(전체급여액의 40분의1)을 받게 되는 것이다. 이 방법은 이미 기본연금을 수급하고 있는 사람에게도 똑같이 적용된다.

이 방법은 제도 전환 후에 새롭게 기본연금분의 보험료를 갹출하는 사람이 없기 때문에 기본연금에 더 올려주는 옛 제도의 기본연금 지급총액이 매년 서서히 줄어들 것이고, 제도 전환 후 80년 전후에 제로가 될 것이다.

두 번째 방법은 이미 갹출한 보험료에 관한 급여를 현행의 기초연금제도가 약속하는 액을 감액해서 지급하는 방법이다(이것을 '감액급여안'으로 한다). 예를 들면, 반액으로 감액한다고 하고 상기의 예로 말하자면 갹출 40년인 사람은 기본연금액＋3만 3,000엔, 20년인 사람은 기본연금액＋1만 6,500엔이 된다. 그 밖에 국고부담(현행은 3분의1)분을 감액(지급하지 않는다)하는 방법도 있다. 이 경우 감액률은 3분의1이다. 그 외에도 3할 감액, 4할 감액 등을 생각할 수 있다.

또한 여기서 예를 든 5할 감액은 일본공산당일본 야당의 당 명칭임. 우리가 느끼는 공산당의 의미와는 거리가 있음: 역자주이 주장하고 있는 방법이다. 이 당의 구상에는 최저보장연금을 당면 5만 엔으로 하고, "현재 2∼4만 엔의 국민연금 수급자는 최저보장액의 5만 엔에, 지불한 보험료에 상당하는 1∼2만 엔을 더하여 월액 6~7만 엔을 받을 수 있게 한다. 현재, 국민연금의 만액인 6만 6,000엔인 사람은 같은 방식으로 5만 엔에 3만 3,000엔을 더하여 8만 3,000엔을 받게 되는 것이다. 후생연금에 대해서도 일정액까지는 같은 방법으로 끌어 올린다.”(공산당, 「최저보장연금을 실시하고, 현재도 미래도 안심할 수 있는 연금제도 만들기」, 2004. 3. 31)♣로 하고 있다. 이 설명은 이미 연금을 수급하고 있는 사람에게 한정된다. 아직 수급하지 않고, 보험료를 갹출해오던 사람들에 대해서는 어떻게 할 것인가는 현 단계에서는 불투명하지만 제도 전환 후(보험료갹출의 정지 후)에는 아마도 같은 방법으로 조치를 취할 것으로 추정된다. 또한 “후생연금에 대해서도 일정액까지는 같은 방법으로 끌어 올린다.”로 하고 일정액 이상에 대해서는 어떤 소득제한을 한다는 취지인 것 같으나 상세한 것은 알 수 없다.

또한 이렇게 이미 갹출한 보험료에 대응하는 급여를 감액 지급하는 것에 대해서는 국고부담분을 지급하지 않는 방법이고, 혹은 몇 할에 그친 감액이기는 하지만 구제도가 약속했던 것을 감액하기 때문에 기득권 침해 혹은 재산권 침해는 아닌가? 현행법상 타당한가, 아닌가? 등에 대해서 각 전문가의 검토를 받는 것이 필요하다.

세 번째 방법은 제도 전환 이전에 이미 갹출된 보험료 총액을 제도 전환 후에 일괄하여(혹은 분할해서) 반환하는(돌려줄 것) 것이다. 예를 들면, 30년 간 보험료를 납부한 사람에게는 30년 분의 보험료를, 10년 간 납

♣ 일본공산당의 연금구상은 『賃金と社會保障』 제1372호 (2004. 6. 하순호)에 수록되어 있음.

부한 사람에게는 10년 분의 보험료를 반환하는 것이다(이를 '보험료 반환안'으로 한다). 그때 지금까지의 인플레이션 등을 고려하여 현재 가치로 환산하여 반환하는 것은 당연히 말할 필요도 없다. 이 방법은 두 번째 방법에서 국고부담분을 감액하여 지급하는 방법에서 이를 선 지불하는 것에 가깝다고 할 수 있다.

이 방법은 이미 연금을 수급하기 시작한 사람에 대한 지급수단이 하나의 과제이다. 이미 연금을 수급하고 있기 때문에 반환해야 하는 보험료의 산정에 대해서 특별한 연구를 필요로 하기 때문이다. 또 다른 방법으로는, 다음의 산식으로 산출한 금액을 반환액으로 시행하는 것을 생각할 수 있다.

보험료 반환액 = 지불보험료 총액(현재 가치 환산)×〖(연금지급 개시연령의 평균여명* − 연금수급 개시기간)÷(연금지급 개시연령의 평균여명)〗

* 평균여명이란 어떤 시기를 기점으로 그 후 생존 가능한 연수를 의미함, 이 논문에서는 연금지급을 시작한 그 연령에서 그 후 생존 가능한 연수를 의미 함: 역자주

이 보험료 반환방식에 대해서도 제도가 약속했던 것과는 다르게 시행하기 때문에 두 번째 방법과 같이 그에 적합한 전문가의 검토가 불가결하다.

제도 이행과정의 방법의 조합

이상에서 이미 지불한 보험료에 관계된 급여를 취급할 방법들을 제시했다. 그러나 이 가운데 어느 쪽을 선택하는가에 대해서는 공비부담방식으로 완전히 전환되어 실시되는 시기를 어떻게 할 것인가의 문제와 상대적으로 관련되어 있다. 즉, 공비부담방식으로의 전환을 일정한 시점에서 즉시 완전 실시할 것인가, 일정 기간을 거쳐 단계적으로 실시할 것인가가 문제이다.

공비부담방식을 위한 제도 전환의 즉시 완전 실시안이란, 예를 들면 2010년에 실시하면 그 해부터 곧 연금지급 개시연령 이상의 모든 사람에게 정액의 기본연금을 보편적으로 지급하는 것이다. 여기에 구제도의 기본연금 상당액이 약속금액대로 지급되든지 또는 감액 지급되든지, 혹은 이미 지급된 보험료를 반환하는 것이 된다.

단계적 실시안은, 예를 들면 2010년부터 단계적 실시를 개시하고, 일정 기간(예를 들면 40년)을 거쳐서 완전 실시에 이르는 것이다. 이 경우 처음 실시년도인 2010년에는 기본연금(최저보장연금)의 40분의 1을 보편적으로 지급하고, 2년 후인 2011년에는 그 40분의 2를, 20년이 되는 해인 2029년에는 40분의 20이 지급되고, 40년 후인 2049년에 이르면 기본연금(최저보장연금)의 만액이 보편적인 연금지급 개시연령 이상의 모든 사람에게 지급되어, 그 시점에서 제도가 완성되는 구조이다. 쉽게 알 수 있듯이 이 안案에는 구제도의 기초연금의 약속금액이 지급되는 것을 전제로 하고 있기 때문이다.

표 13_제도 전환의 완전 실시 시기와 구제도급여의 방법의 조합

		제도 전환의 완전 실시 시기의 방법			
		즉시 완전 실시안		단계적 실시안	
구제도급여의 방법	약속액급여안	①	○	④	○
	감액급여안	②	○	⑤	△
	보험료반환안	③	○	⑥	×

그런데 제도 전환의 완전 실시 시기의 방법과 앞에서 본 구제도급여의 방법을 조합해보면 〈표 13〉과 같이 된다. 여기서 ○표는 생각할 가능성이 있는 구조를 나타내고, △표는 생각할 가능성은 있지만 의문이 남아 있는 구조이며, ×표는 있을 수 없는 구조를 나타내고 있다.

〈표 13〉이 나타내고 있는 것처럼 제도 전환의 즉시 완전 실시안은 구제도급여의 3가지 방법 중에 어느 것도 조합이 가능하다(①②③). 이러한 조합은 어느 쪽이든 제도 전환의 즉시 완전 실시를 전제로 하고 있기 때문에 보편주의를 근거로 한 기본연금(최저보장연금)제도를 곧 확립할 수 있는 장점이 있다. 그러나 이 가운데에 ①은 건강하게 문화적인 최저 생활을 보장하는 것에 충분한 기본연금(최저보장연금)에 추가로 구제도의 약속액을 급여하는 것이기 때문에, 첫째 소요재원액이 상대적으로 크게 되며, 둘째로 급여액이 상대적으로 높게 되어 과잉급여라는 비판을 불러일으킬 위험이 있다.

이에 대하여 ③은 구제도의 기초연금을 폐지하고, 기본연금제도를 즉시 확립하여, 구제도 기초연금에서 이미 지급된 보험료를 반환하는 것이므로 법적으로 가능하다면, 가장 확실한 방법이라 할 수 있다. ②는 감액의 정도에 따라 정해지지만 반환해야 하는 보험료를 단계적으로 후불로 반환한다고 간주한다면 ③의 변형이라고 할 수 있다.

이에 대하여 단계적 실시안과의 조합은 약속액 급여안 외에는 있을 수 없다고 생각된다(④). 왜냐하면 40년에 걸쳐 단계적으로 실시되는 기본연금(최저보장연금)은 완성될 때까지는 건강하게 문화적인 최저한도의 기본연금을 실시하지 않기 때문에 구제도의 기초연금에 의한 보완이 필요하기 때문이다. 물론 보충을 해도 원래 저연금과 무연금인 사람에게는 건강하고 문화적인 최저한도의 생활을 할 수 있는 금액이 아니다. 이 점이 단계적 실시안의 문제점 중의 하나이다.

⑤는 제도전환의 단계적 실시안의 기간을 단축할 경우(예를 들면, 30년 혹은 20년 등)에 이론적으로는 상정할 수 있지만, 실제적으로는 있을 수 없다. 왜냐하면 단계적 실시안은 원래 급여 수준에 문제가 있기 때문이고, 기간단축의 경우에도 약속액 급여안을 선택하는 것이 바람직하기 때문이다.

⑥의 경우는 전혀 있을 수 없는 구조이다. 왜냐하면 이미 지불된 보험료를 반환하고 구제도를 정지한다면, 단계적 실시안은 필요없게 되고 즉시 완전 실시가 가능하기 때문이다.

대체로 단계적 실시안은 소요재원액이 상대적으로 적다는 이점이 있기는 하지만, ④의 경우에도 완성년도까지는 저연금문제가 단계적으로 축소된다고는 하지만 완전하게 해결되지 않는 문제가 있다. 그렇다고 단계적 실시안은 현행제도와 대동소이한 것인가? 그렇다면 적어도 일정기간 후에는 기본연금(최저보장연금)제도가 완성될 전망이 확실하고, 무연금은 없어질 것이다(급여수준에 문제가 있기는 하지만). 해를 거듭할 때마다 급여수준이 개선될 전망이 확실하기 때문에 분명히 현행제도보다는 크게 개선된 것이라고 할 수 있다. 이런 의미에서 ④도 공비부담 방식으로 제도 전환할 경우 하나의 선택방법으로 염두에 둘 필요가 있을 것이다.

또한 민주당의 최저보장연금안은 상기의 ④의 경우에 가깝다고 생각한다(단, 이 안에는 최저보장연금에 일종의 소득제한이 도입되기 때문에 반드시 ④ 자체라고는 할 수 없다). 이 당의 「고령기 등에 있어서 국민이 안심하고 생활할 수 있는 사회를 실현하기 위한 공적연금제도의 발본적 개혁을 추진하는 법률안」*(2004. 4. 7; 4. 9. 제159회 국회에 제출)에 의하면 제11조 「이행기간에 있어서 공적연금제도」에서는 기본연금(최저보장연금)의 단계적 실시안인 것은 이해하기 어렵지만, 중의원 후생노동위원회의 미야자와요우이찌宮澤洋一위원(자민당)의 "요컨대 새롭게 가입한 사람이 신제도의 최저보장연금의 만액을 받을 수 있는 것은 40년 후, (중략) 이런 이유는 평계가 아닙니까?"라는 질문에 대하여 제안자의 한 사람인, 후루카와모토히사古川元久의원이 "그렇습니다."라고 대답한 것을 보면 확실하기 때문이다(「제159회 국회 중의원 후생노

---

* 민주당안은 『賃金と社會保障』 제1372호(2004. 6. 하순호)에 수록되어 있음.

동위원회의록11호」 2004. 4. 14., p.6).

제도 전환의 이행과정에 관한 상기의 방법 ①~④중에 어느 쪽을 선택하는가는 최종적으로는 국민의 선택에 달려 있다. 연구자의 임무는 상기에 서술한 형태로 각 구조의 장점과 단점을 분명히 밝히고 국민적 합의를 촉진시키는 것이다.

필자의 뜻은 상기한 설명에서 어느 정도 확실하게 밝혔다고 생각하지만 법적인 문제가 없다면 ③의 '즉시 완전 실시안+보험료 반환' 안이 되기를 상대적으로 희망한다. 이 경우의 일괄반환은 거액의 재원이 필요하기(정확하게 계산하지 않았지만 아마도 300조 엔 정도) 때문에 10년 정도의 분할로 반환하고 일정액 이상의 반환에는 국채교부로 충당하는 것도 검토해야 할 것이다. ③의 경우가 어떤 이유 때문이든 곤란할 경우에는 ②의 경우가 차선책으로서 바람직할 것이다.

개연금 · 개의료
개복지 · 개개호의
실현을 향하여
: 각 야당연합의 연금구상의
　검토

■ ■ ■

연금제도를 비롯하여 사회보장제도 전체가 요동하기 시작한 오늘날 그 근본적인 원인이 사회보험방식에 있는 이상에는 하루 빨리 공비부담 방식형 시스템으로 전환해야 할 필요가 있다. 그 전환은 아마도 모든 제도를 한꺼번에 실시하는 것은 곤란하고 가능한 부분부터 단계적으로 실시하는 것이 필요하다. 특히, 현재 조속한 이행이 필요하고 또한 그 조건을 갖추고 있는 것은 현행의 기초연금제도이다. 따라서 여기서는 연금제도를 중심으로 각 야당과 각계의 개혁안을 간결하게 고찰해 보기로 한다.

그림 4_민주당의 연금개혁안

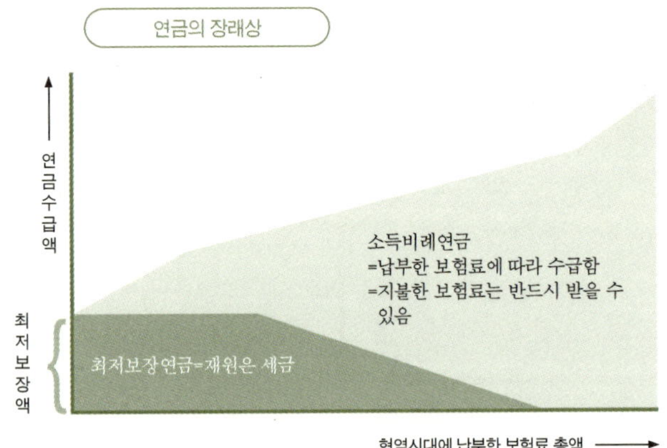

※ [최저보장연금]은 2003년 중의원선거 공약시점에는 [국민기초연금(가칭)]으로 표기했지만, 현행의 [국민연금: 기초연금]과의 혼동을 피하기 위해 명칭을 변경했다.

민주당안 민주당의 개혁안은 〈그림 4〉에서 보여주는 것처럼 일종의 소득제한을 조건으로 하여 최저보장연금과 일원화된 소득비례연금의 2층 구조로 되어 있다. 민주당의 최저보장연금 구상은 앞에서도 지적한 것처럼 제도전환의 단계적 실시안과 구제도의 약속액 급여안(단, 일종의 소득제한이 있음)과의 조합안으로 되어 있다. 이 자체는 공비부담방식 실시에 있어서 하나의 선택방법으로 검토할 가치가 있지만 그 장점은 소요재원액이 상대적으로 적게 든다는 것이다. 역으로 단점은 제도를 완성하는 데까지 장기간을 요한다는 것이다. 원래, 최종적으로 최저보장연금을 약속하고 있다는 점은 현행제도보다는 훨씬 우수하다고 할 수 있다.

문제는 최저보장연금에 일종의 소득제한을 부과한다는 것이다. 민주당안을 읽으면 "제10조 최저보장연금은 소득 등 비례연금의 지급액으로는 고령자 등 안정된 생활을 할 수 없는 수급권자에게 지급하는 것으로 한다."로 되어 있고 최저소득연금을 기본으로 하여 소득비례연금의 2층 구조로 되어있다기보다는, 오히려 〈그림 5〉와 같이 저소득자에게 한정하여 급여하는 선별적인 제도라고 할 수 있다. 이런 제도는, 첫째 본래 보편적이 되어야 하는 공적연금제도를 소득조사에 의해 선별적인 제도로 변형시킨 것이므로 보편주의형 사회보장제도의 측면에서 본다면 큰 문제를 안고 있다고 할 수 있다.

둘째, 이 감액이 고소득자에 대해 이루어지는 것이라면 아직도 검토의 여지가 없지 않지만, 〈그림 4〉에서 알 수 있듯이 정확한 금액이 명시되어 있지 않기 때문에 확실하지 않지만 상당히 낮은 연금을 받는 사람에게서 감액이 시작되고, 소득비례연금이 월액 20만 엔 전후 이상의 사람은 전액 삭감되는 구조로 되어 있는 것 같다. 왜냐하면 공적연금의 최고액은 그 정도로 높지 않고 현행 후생연금의 신규수급자의 예를 든다면, 재직 중의 평균표준보수월액의 최고액을 62만 엔으로 하고, 40년 가입의 경우 기초연금을 포함한 연액 300만 엔 미만, 월액 약 25만 엔 정도이기 때문이다. 민주당안의 연금지급 최고액도 현행제도와 크게 동떨어지지 않다고 생각할 수 있기 때문에 〈그림 4〉의 연금지급

그림 5_소득비례연금과 최저보장연금

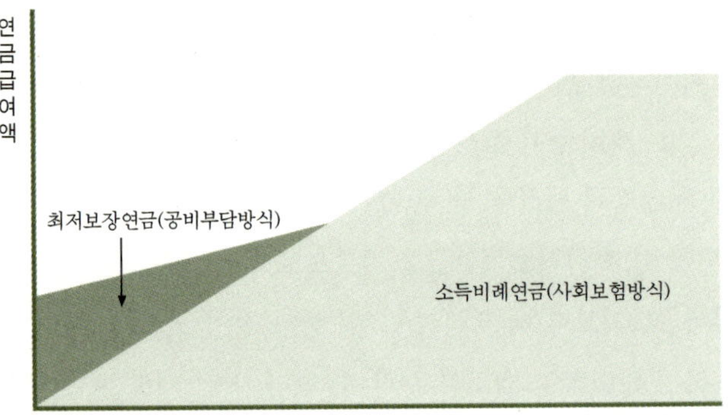

그림 6_기본연금과 소득비례연금

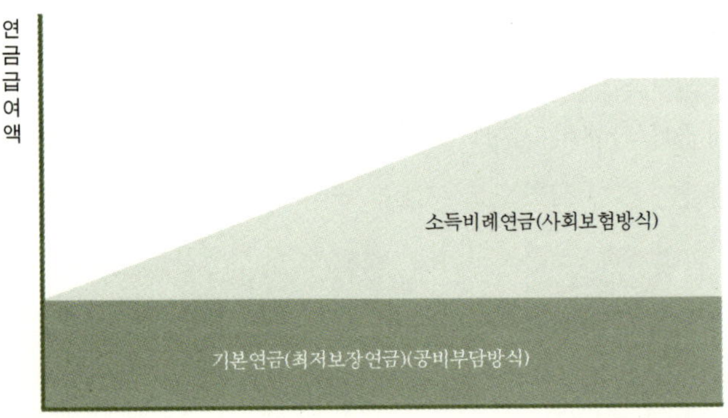

최고액*을 25만 엔 정도로 생각해보면 감액 개시점은 상당히 저연금에서 시작된다고 분명히 추정되기 때문일 것이다. 민주당은 "고액소득자의 지불을 삭감하여 재정부담을 억제한다."라고 하지만 고액소득자만이 아니고 저연금자로부터 삭감을 시작하는 구조이므로 이 역시 큰 문제일 것이다.

셋째, 현역시절에 소득을 적게 신고하고 따라서 지불보험료 총액이 적은 사람이 최저보장연금의 만액을 지급받는다는 공평성의 측면에서 적절하지 못한 문제점도 있다.

이러한 민주당의 최저보장연금 구상은 공비부담방식(조세방식)에서는 현행제도보다 전진했지만 제도설계상 선별주의에 속할 뿐만 아니라 최저보장연금의 감액이 상당한 저연금자에게 실행되는 등의 중대한 결점이 있다. 이 당이 이러한 선별적인 최저보장연금을 구상한 이유는 재정부담의 경감에 있다. 그렇기 때문에 앞에서 서술한 것 같은 중대한 결함을 만든다면 본말전도인 것이다. 오히려 최저보장연금에 대해서는 〈그림 6〉처럼 소득제한이 없는 보편적인 연금으로 하는 쪽이 논리적인 정합성이 있고 제도적으로도 분명하다. 고액소득자 문제는 세제를 조정하는 것으로 어느 정도 해결될 수 있을 것이다.

민주당안의 사회보험방식에 의한 일원적인 소득비례연금제도의 구상에 대해서는 최저보장연금을 〈그림 6〉처럼 보편적 제도로 한다는 전

---

* 현행 후생연금의 지급최고액은 피보험자 기간을 40년 이상으로 한다면 좀 더 높게 될 가능성은 있다. 예를 들면, 중학교 졸업 후 곧 취직하고, 70세까지 근무한다면 피보험자 기간이 55년이 되기 때문이다. 그러나 이러한 경우에 평균표준보수(월)액이 최고 금액일 거라 생각하기 어렵기 때문에 역시 본문에서 서술했듯이 공적연금지급최고액을 연액 300만 엔(월액 25만 엔) 정도로 생각해도 틀리지 않을 것이다.

제에서 찬성이다. 현행제도(구제도)의 소득비례연금은 구제도에서 급여되기 때문에 신제도의 일원적인 소득비례연금은 제도 발족 후에 적용되지만 소득있는 자는 정사원에 한정하지 않고 파트타임이나 파견사원 등도 강제가입으로 하며, 자영업자에 대해서도 강제가입을 하는 것이 바람직하다. 단, 자영업자는 보험료의 사용자(기업)부담이 없기 때문에 피용자와 비교하면 본인부담분의 보험료가 2배가 되는 문제점이 있지만 이 점을 고려한다면 자영업자에 대해서는 가입을 임의로 하는 방법도 생각할 수 있다. 이 경우 〈그림 6〉 처럼 기본연금(최저보장연금)이 보편적인 국내최저 수준을 보장한다면 자영업자는 임의가입이라 하여도 그 정도로 큰 문제는 아닐 것이다. 공비부담방식의 기본연금제도에 구축된 사회보험방식의 소득비례연금제도에서 소득이 없는 사람은 가입하지 않는 것을 보면 본래 개연금을 지향하는 것이 아니기 때문에 가입의 가능성만 확보된다면 이러한 취급도 하나의 방법이라고 할 수 있다.

공산당안 일본 공산당의 연금구상은 " '최저보장연금'을 실시하고 지금도 앞으로도 안심할 수 있는 연금제도"(2004. 3. 31)에 제시하고 있다. 이 안은 " '최저보장연금제도'는 후생연금, 공제연금, 국민연금의 공통토대(1층 부분)로서 전액 국고부담에 의한 일정액의 최저보장액을 설정하고, 그 위에 각각의 부금에 응하여 급여를 더하는 제도"라고 설명되는 것처럼 당면 5만 엔의 최저보장연금에서 출발하여 "안정적인 연금재원을 확보하면서 인상을 꾀하고, 최종적으로는 헌법 25조에 기본을 둔 '국민의 생존권'을 보장하는 수준"을 지향하고 있다. 이미 지불한 보험료에 대해서는 현재 수급하고 있는 액의 반액을 최저보장연금에 더하여 지급한다고 되어 있다. 연금 미수급이고 현재 보험료를 납부하고 있는 현역세대에 대하여 언급은 하지 않았지만, 아마도 같은 식으로 취급한다고 생각할 수 있다.

이러한 공산당안의 특징은 앞의 분류에 의하면 '제도 전환의 즉시 완전 실시＋이미 지불한 보험료의 감액급여' 안의 변형이라고 할 수 있다. 변형된 이유는 최저보장연금의 지급액을 당면은 생존권 수준에 못 미치는 5만 엔에서 출발하려고 함으로써 민주당안과 같은 방식으로 재정부담을 배려하기 때문이라고 생각된다. 이 안은 최저보장연금을 소득제한 없이 보편적으로 급여한다는 것이기 때문에 그 점이 뛰어나다고 할 수 있다. 단, 감액급여 부분에 대해서 "후생연금에 대해서도 일정액까지는 같은 방식으로 끌어올린다."라고 서술하고 있다. 이 부분에 대해서는 일부 소득제한을 염두해 두었다고 판단할 수 있기 때문에 해결되지 않은 문제가 된다.

또한 2층 부분에 대해서는 공산당안은 구체적으로 서술하지는 않았지만 앞의 설명에서 최저보장연금을 후생연금, 공제연금, 국민연금의 공통 토대(1층 부분)로 규정하고 있는 것에서 유추한다면 소득비례연금에 대해서는 현행제도를 제도설계상은 답습할 생각인지 소득비례연금의 일원화는 상정하고 있지 않았다. 따라서 자영업자에 대한 1층 부분만이라는 제도설계인 듯하다. 최저보장연금조차 보편적인 제도로서 확실하게 한다면 소득비례연금에 대한 공산당안도 하나의 선택지이지만 제도 전환 후의 소득비례연금은 일원화(전환 전의 그것은 계속해서 구제도에서 급여)하고 자영업자도 강제가입이나 적어도 임의가입으로서 가입 가능성을 남기는 편이 훨씬 더 좋은 선택이 아닌가 한다. 검토를 기대한다.

사회민주당안 사회민주당의 연금구상은 '사회당의 정책 3가지 쟁점, 9가지 약속'(제20회 참의원선거 정책집)에 의하면 2011년도부터 "전액조세방식의 '기초적 생활연금'(1층 부분)과 '소득비례연금'(2층 부분)이 탄탄한 구조의 제도"로서 구상되어 있다.

이 가운데에 '기초적 생활연금'은 월액 8만 엔이고, 생존권 보장수준을 보장하는 것으로 되어 있다. 사회민주당의 '기초적 생활연금' 구상은 공비부담방식으로의 전환을 2011년도 이후에 즉시 완전 실시한다는 안이다. 그러나 이미 지불된 보험료의 대응에 대하여 설명하지 않기 때문에 이면에서 어떻게 구성되는가는 미지수이다. 소득비례연금은 "소득에 따른 보험료이고, 고용노동자(파트타임노동자 등의 비정규직 포함)도 공무원도 자영업자도 같은 비율로 한다."로 되어 있기 때문에 이 점은 민주당안과 같은 소득비례연금의 일원화안이다.

사회민주당안은 필자가 이전부터 주장한 공비부담방식에 의한 기본연금과 사회보험방식에 의한 소득비례연금의 구상 〈그림 6〉에 가장 가까운 것이라고 할 수 있다.

연합안 일본노동조합연합회의 연금구상은 '연합 21세기 사회보장비전'(2003. 5)과 '정책·제도에 대한 요구와 제언'(2003. 6. 26) 등에 의하면 2009년부터 현행기초연금을 전액 조세부담방식의 '정액기초연금'(월액 7만 엔)으로 전환하고 사회보험방식에 의한 '정률보수비례연금' 과의 2층 구조방식으로 하는 것이다. 이러한 것은 '연금제도의 발본개혁실현대처안과 앞으로의 과제'(2004. 7. 15. 제105회 중앙집행위원회)에서도 확인할 수 있다. 연합의 신 기초연금구상은 소득제한을 포함하지 않은 보편적인 것으로 지금까지의 필자의 구상과 일치한다고 할 수 있다.

또한 기초연금 부분에 상당하는 이미 지불된 보험료의 취급에 대해서는, "전액 세금방식으로 바꾸는 시기에 국민연금보험료의 미납기간(미가입 기간)이 있는 경우, 그 기간은 기초연금의 산정기간(거주기간)에 넣지 않는 제도로 한다."(「정책·제도에 대한 요구와 제언」)라는 지적이 있고 신기초연금지급액을 그만큼 감액한다고 하였으나 그 이상의 언급은 없다. 이 점은 사회민주당과 같다.

연합의 소득비례연금 구상은 현행제도의 2층 부분을 거의 답습하고 있기 때문에 제도설계상은 공산당안과 유사하다고 할 수 있다.

일치점을 확대하고
상이점을 축소하는
포럼과 협동을

■ ■ ■

이상에서 각 야당 및 연합의 연금구상을 제도설계의 골격에 초점을 맞
추어 비교하였다. 그것들은 기초연금(최저보장연금)을 공비부담방식으
로 전환하는 것과 사회보험방식에 의한 소득비례연금제도의 2층 구조
로 구상하는 점에서 어느 쪽이든 공통된다고 할 수 있다. 이 일치점을 확
대하여 가는 것이 중요하다.

상이점은 기본연금(최저보장연금)에 대해서는 일종의 소득제한을 첨
부한다는 민주당안과 소득제한이 없는 보편적인 제도설계로 한다는 공

산당▲ · 사회민주당 · 연합과의 사이에 있다. 이에 대한 충분한 상호검토가 필요하지만 후자의 안이 논리적 · 제도적인 정합성이 높기 때문에 민주당의 진지한 검토를 기대한다.

기초연금과 관련된 이미 지불된 보험료에 대하여 민주당은 '단계 실시＋약속액 급여' 안을, 공산당은 감액실시안을, 사회민주당 · 연합은 명시하지 않았다. 이 점도 깊이 검토해야 하며 합의해야 할 필요가 있다.

소득비례연금에 대해서는 일원화안은 민주당 · 사회민주당안이다. 현행제도 준거방식은 공산당안과 연합안이다. 아마도 기존 각 제도의 급여수준 등이 상이하여 장해가 된다고 생각되지만, 일원화는 제도 전환 후로 한정하고 제도 전환 전에 대해서는 전환 전의 제도를 존속시켜 급여한다고 하는 민주당안을 채택한다면 큰 방해는 되지 않는다고 생각된다.

가장 큰 상이점은 기본연금(최저보장연금)의 재원문제이다. 민주당안은 '현행의 국고부담분＋세제개혁에 의한 증수분增收分＋연금목적소비세' 등으로 조달하는(제12조) 것으로 되어 있다. 이에 대한 공산당은 '세출의 개편과 세제稅制의 민주적 개혁' 으로 해결하려 하고, 사회민주당도 거의 같은 방식의 '세출의 대폭적인 개편을 한 후 소득세, 법인과세 등이 혼합된 조세방식' 을 주장하고 있다. 연합은 '2분의 1 또는 일반재원으로 하고, 3분의 1을 연금목적 간접세, 6분의 1을 사업주부담(사회보험

▲ 공산당안은 앞에서 본 것처럼 이미 지불된 보험료에 관련된 감액급여 부분에 대해서 후생연금의 일정액 이상 수급자는 삭감한다는 일종의 소득제한을 고려하는 것 같기 때문에 이 점은 민주당안과 이론적 근접성은 있지만 여기에서는 기본연금에 주목하여 사회민주당 연합안과 같다고 할 수 있다.

료 상당분)' 「정책 · 제도 제언과 요구」으로 하고 있다. 연합이 말하는 2분의 1의 일반재원이란 현행의 국고부담 등을 전환하는 취지이다. 사업주부담이란 현행의 기초연금분에 상당하는 사회보험료를 기업세화한다는 의미이다.

재원정책은 이러한 민주당과 연합안에 근사성이 있다. 또한 공산당과 사회민주당안에도 공통성이 있지만 양자의 상이점은 상대적으로 크다고 생각할 수 있다.

필자는 반드시 재원정책으로서는 앞에서 서술한 것처럼 소득세 · 법인세 등을 중심으로 하는 직접세가 바람직하다고 생각한다. 왜냐하면 이들 재원에는 소득재분배적인 요소가 있지만, 소비세에는 역진성이 있고, 또 기업은 부담하지 않기 때문에 사회보장의 재원은 기업도 부담하는 국제적으로 확립된 관행에 역행하는 것 등에 있다. 그러나 만약 소비세가 생활필수품 비과세 또는 제로세율 적용 등의 개혁을 하여 역진성을 완화하고, 또 연합안처럼 현행의 기초연금보험료의 기업부담 상당분을 기업세로서 조세화하는 조치를 한다면 사회보장재원으로서 소비세를 기피하는 이유가 상당 부분은 해소될 가능성이 있다. 재원정책을 둘러싼 각 야당 및 연합의 상이점이 반드시 해결불능의 논점이라고는 생각하지 않는다. 물론 소비세를 주된 재원으로 하는 제안은 논외이기는 하다.

공적연금제도를 사회보험방식에 위임한 채 무연금 · 저연금자를 확대 재생산하는 것은 앞으로의 생활을 더욱 더 불안하게 할 뿐이기 때문에 그 발본적 개혁, 기본연금(최저보장연금)제도의 확립·공비부담방식으로의 이행이 당장 필요한 초미의 과제이다. 이 과제에 대응하여 발본적 전환을 향해 국민적 합의를 형성하기 위해서는 공비부담방식으로 조준하고 있는 각 야당 및 연합을 비롯하여 노동조합 등의 진정한 협동검토 작업이 필요하다.

특히 연구자와 실천가 및 운동가는 그 기대에 대응할 필요가 있다. 공비부담방식 중심형의 제도설계를 향하여 일치점을 확대하기 위한 포럼과 협동작업을 강화할 시기가 온 것이다. 필요한 것은 소이小異를 버리고 대동大同에 힘쓰고, 일치점을 확대하고 상이점을 축소해 가는 것이다. 더욱 뜻있는 연구자, 실천가, 운동가의 포럼과 학제적 협력·확대를 기대한다.

용어 찾아보기

인명 찾아보기

저자
사토미 켄지(里見賢治)

약력
1943年 출생(德島縣鳴門市)
1965年 오오사카대학경제학부졸업
1967年 오오사카시립대학대학원 경제학과졸업(경제학석사)
1971年 오오사카시립대학대학원 경제학박사과정수료
1972年 오오사카부립사회사업단기대학 강사
1976年 동대학 조교수
1981年 오오사카부립대학 사회복지학부 조교수
1990年 동대학 교수
1997年 동 사회복지학부장(2001년7월까지)
2005年 오오사카부립대학 명예교수
2005年 북쿄대학 사회복지학부교수

전공
사회보장론 · 복지정책론

주요저서
『복지재정론』(공저, 1989)
『일본의 사회보장을 어떻게 해석할 것인가』(1990)
『공적개호보험에 이의가 있다』(二木立 · 伊東敬文와 공저, 1996)
「사회보험방식의 재검토」, 『고령사회와 사회정책』 사회복지학회지 제 2 호(1999)
「사회복지 재편기에 있어서 사회복지패러다임- 보편주의 · 선별주의의 개념을 중심으로- 」, 『전후사회복지의 총괄과 21세기를 향한 전망 Ⅱ, 사상과 이론』 일본사회복지학회 50주년기념출판(2002)
『현대사회보장론 - 개보장체제를 지향하며』(2007)
『희망의 신년선언 - 기초연금을 공비부담방식으로』(2008. 12 출판예정)

사회활동
* (재)관서소비자협회이사
* (재)대학기준협회상호평가분과회주사(主査)
* 오오사카지방자치연구센터이사
* 후쿠이현립대학대학원 객원교수(2005년3월까지)
* 오오사카부 사회복지협의회연수운영위원회위원(1997~2001년 위원장)
* 일본사회복지학회상선고위원(賞選考委員)

역자
손홍인

동학승가대학졸업(불교학전공)
중앙승가대학졸업(사회복지학전공)
일본 불교대학대학원졸업(사회복지학석사)
일본 불교대학대학원박사과정수료(사회복지학)

연구논문
한국 저소득층 고령자의 생활실태 및 정책 과제 - 한/일 비교 - (석사논문)
일본의 요개호 고령자를 위한 재가개호시스템(2001)
고령사회의 여성취업상황과 과제(2002)
사회복지에 있어서 가치 전환(1)(2003)
고령사회의 개호보장제도의 과제(2004)

복지문고 003

공적개호보험 논의
- 일본의 경험과 논쟁 -

초판 1쇄 인쇄 2008년 10월 31일
초판 1쇄 발행 2008년 11월 07일

지은이 | 사토미켄지(里見賢治)
옮긴이 | 손홍인
펴낸곳 | 사회복지전문출판 나눔의집
펴낸이 | 박정희
주　소 | 152-790 서울시 구로구 구로3동 182-13
　　　　대륭포스트타워 II 1205호
전　화 | 02-2082-0260
팩　스 | 02-2082-0263
www.ncbook.co.kr

ISBN 978-89-5810-137-6 94330
ISBN 978-89-5810-128-4 94330(세트)